韓國의 漢詩 43
圃隱 鄭夢周 詩選

韓國의 漢詩 43
圃隱 鄭夢周 詩選

허경진 옮김

평민사

□ 머리말

　포은 정몽주는 고려왕조를 끝까지 지키다 선죽교에서 피 흘리며 목숨까지 바친 충신으로 널리 알려져 있다. 그러나 그의 일생을 더듬어보면 충신으로서의 모습보다 훨씬 다양한 사대부로서의 모습이 드러난다.
　그는 스물네 살 때에 정당문학 김득배가 지공거로서 주관한 예부시에서 을과 제1인으로 급제하여 벼슬을 시작하였다. 2년 뒤에 자신의 좌주였던 김득배가 홍건적을 격파하여 경성을 회복하고도 김용에게 모함당해 상주에서 효수되자, 그는 위험을 무릅쓰고 김득배의 장례를 청하였다. 모두들 몸을 사리는 대역죄인 김득배를 위하여 그는 만시와 제문까지 지었다. 만고충신 정몽주의 모습은 이때부터 만들어진 것이다.
　역설적인 사실이지만, 정몽주를 만고충신으로 만든 것은 정작 그를 살해한 조선왕조였다. 이방원 일파는 그를 살해한 지 석 달 뒤에 이성계를 왕으로 추대하여 조선왕조를 열었지만, 새로운 나라의 기틀을 다지기 위하여 그를 만고충신으로 만들었다. 정몽주 자신은 자기들의 건국사업에 방해가 되었지만, 목숨을 걸고 고려왕조에 충성했던 정몽주같은 인물이 자기들에게도 필요했던 것이다. 그래서 그를 죽이는 데에 앞장섰던 이방원은 태종으로 즉위하여 그에게 "문충(文忠)"이라는 시호를 내렸으며, 세종은《삼강행실록》〈충신전〉에 그의 충절을 기록하게 하였고, 문종은 그를 문묘(文廟)에 종사케 하였다.
　그는 문관으로만 벼슬한 것이 아니라, 여러 차례 전쟁터에 나서기도 하였다. 호탕한 기질의 그는 책상머리 앞에 앉아 글이나 읽는 한갓 서생은 아니었다. 그 이듬해에 동북면 도지휘사 한방신의 종사관이 되어 화주·함주·정주 지역의 여진을 정벌하였는데, 그는 이때부터 한방신 휘하의 장군이었던 이성계와 가까워졌다. 전쟁터에서 여러 가지 문서를 작성하며 문장 솜씨를 발휘했던 그는 마흔네 살 되던 해에 다시 전쟁터로 나아갔다. 전라도 지역에 왜구가 쳐들어오자, 이성계를 돕는 조전원수가 되어 참전한 것이다. 그 뒤에도 그는 여러 차례 이성계를 따라 전쟁터에 나아갔는데, 이 두 사람의 관계는 이러한 참전을 통하여 더욱 두터워졌다. 이성계는 정몽주의 충절과 능력을 높이 샀기에 마지막 순간까지도 그를 건국사업에 포섭하려고 애썼던 것이다.

정몽주의 능력은 정치와 외교에서도 드러난다. 공자가 "시 삼백 편을 외우고도 정사를 맡아 잘하지 못하고, 남의 나라에 사신으로 가서 사명을 이행하지 못하면, 아무리 많이 읽었은들 무엇하겠느냐?"고 한 것처럼, 당대 문학의 가장 큰 효용성은 한 나라를 움직이는 정치와 외교에 있었다. 정몽주는 이 두 가지를 다 잘해낸 사대부이다. 고려왕조가 망해가는 위기에 처해서도 이성계가 끝까지 포섭할 정도로 능력을 발휘한 재상이었으며, 중국과 일본에 여러 차례 사신으로 가서 주어진 임무 이상을 수행한 외교관이었다. 당시 중국에는 원나라와 명나라가 양립해 있어 외교관계가 껄끄러웠는데, 남들이 모두 가기 싫어하는 명나라에 여섯 차례나 사신으로 가서 황제에게 능력을 인정받았으며, 정해진 세공을 감면받기까지 하였다. 그의 문장과 언변으로 고려왕조의 재정부담을 완화시킨 것이다. 그는 사신이 감금당하기까지 했던 일본에 가서도 주장을 설득하여 왜구의 침입을 금지시켰고, 후한 대접을 받으며 유람하기까지 하였다.

그는 31세에 성균관 학관이 되어 강설했는데, 당시 대사성으로 있던 목은 이색이 그의 강설을 듣고 탄복하며 "동방이학(東方理學)의 조(祖)"로 추대하였다. 그는 그 뒤에 성균관 대사성이 되어 우리나라의 성리학을 확립하는 데에도 힘썼다. 이 점은 조선시대 성리학자들이 그의 맥을 이어받았다는 점과, 성균관이나 전국 향교에서 공자와 함께 그의 위패를 모시는 점만 보아도 분명히 알 수 있다. 조선건국을 성사시키기 위하여 그를 살해한 조선왕조가 그를 만고충신으로 승화시키고, 전국에 그의 위패를 모시게 한 것은 역사의 아이러니이자 진실이기도 하다.

그는 이렇게 복잡다양한 자신의 인생을 수많은 시로 표현하였다. 충절도 시로 읊었으며, 학문도 시로 읊었다. 전쟁터에 나가서도 시를 읊었고, 중국이나 일본에 사신으로 나가서도 시를 읊었다. 그가 지은 시에 대하여 《지봉유설》에서는 호매(豪邁)하다고 평했고, 《호곡시화》에서는 호창(豪暢)하다고 평했으며, 《소화시평》에서는 호방(豪放)하다고 평했다. 글자는 조금 다르지만, 모두 그의 시를 잘 설명해주는 말들이다. 그 자신이 호방한 인물이었기에, 다른 서생들처럼 책상머리에만 앉아 있지 않고 전쟁터로 외국으로 돌아다니며 경륜을 펼치고 시를 짓다가, 결국 선죽교에서 조영규의 철퇴에 맞아 일생을 마쳤다.

그가 갑자기 세상을 떠나고 이어서 한 동안 어지러운 세상이 계속되었기에, 그의 시들은 다 거둬지지 못했다. 조선왕조가 정착된 세종 때에 와서야 그의 아들 종성이 유고를 모아서 《포은집》을 간행하였다. 그 뒤에 여러 차례 교정을 거치며 다시 간행되었는데, 1607년에 그의 고향인 영천 임고서원에서 간행한 목판본 《포은집》을 대본으로 하여 이번에 시선을 간행하였다. 현재 전하는 《포은집》은 권1·권2에 시가 실려 있고, 권3에

잡저(雜著)와 습유(拾遺)가 실려 있다. 부록까지 합하여 모두 4권 4책인데, 권1에 138수와 권2에 164수, 습유에 4수, 모두 306수의 시가 실려 있다. 이 가운데 116수를 번역하여 한국의 한시 제43권으로 엮었다. 선생이 선죽교에서 세상을 떠난 날이 4월 4일인데, 음력과 양력의 차이가 있긴 하지만 우연히 이날 번역을 마치게 되니 감개가 새롭다. 포은 정몽주를 기억하는 분들에게 이 작은 책이 도움이 되었으면 다행이겠다.

2000년 4월 4일
허경진

圃隱 鄭夢周 詩選・차례

□ 머리말/5

권1/13

삼월 십구일에 바다를 건너 등주 공관에서 잤는데 곽통사와 김압마의 배가
바람을 만나 오지 않기에 머물러 기다리다 ■ 15
황산역을 지나는 길에 ■ 17
교수현에서 서교유와 헤어지며 ■ 18
객지 구서역에서 밤을 보내다 ■ 19
한총랑의 압록강 시에 차운하다 ■ 20
일조현 ■ 21
술을 마시며 ■ 22
감유현에서 묵다 ■ 23
종성과 종본 두 아이를 그리워하다 ■ 25
이도은 정삼봉 이둔촌 세 군자를 생각하며 ■ 26
산동 노인 ■ 27
한신의 무덤 ■ 28
빨래하던 할미의 무덤 ■ 29
회음역에서 길이 갈려 방진무와 헤어지다 ■ 30
배가 회음을 떠나 보응현을 향하다 ■ 31
밤이 깊고 바빠서 제교설 선생을 만나지 못하고 ■ 32
꿈 ■ 33
나그네 길에서 시름을 풀다 ■ 35
함께 온 젊은이에게 장난삼아 지어 주다 ■ 36
배 속의 미인 ■ 37
사월 십구일에 강을 건너 용담역에 이르다 ■ 38
황도 ■ 39
백로주에 배를 대다 ■ 40
양자강 나루에서 북고산을 바라보며 김약재를 애도하다 ■ 41
남쪽을 바라보다 ■ 42
단오날 장난삼아 짓다 ■ 43

차례 · 圃隱 鄭夢周 詩選

호수에서 물고기를 보다 ■ 44
제성현에서 피리 소리를 듣다 ■ 46
전횡도 ■ 47
봉래각 ■ 48
안시성에서 옛날을 생각하며 ■ 49
양자강 ■ 50
이적이 싸우던 곳에서 ■ 51
복주관의 우물 ■ 52
양주에서 비파를 먹다 ■ 53
복주에서 앵도를 먹다 ■ 54
웅악의 옛성에서 ■ 55
요하 뱃길의 곡식 나르기 ■ 56
개주에서 빗속에 뒷사람들을 기다리다 ■ 57
회동관의 버드나무 ■ 58
발해의 옛성 ■ 59
강남에서 도은을 생각하며 ■ 60
시를 읊으며 ■ 61
강남곡 ■ 62
서방님을 전쟁터에 보낸 아내의 원망 ■ 63
태창에서 구월을 맞아 공부주사 호련에게 지어 주다 ■ 65
용강관 ■ 67
강남의 버들 ■ 68
발란점으로 가는 길에서 ■ 69
다경루에서 계담에게 지어 주다 ■ 70
오호도 ■ 72
고소대 ■ 73
탕참에서 자며 ■ 74
홍무 정사년에 일본에 사신으로 가서 짓다 ■ 75
관음사에서 놀다 ■ 78
다시 이 절에 놀다 ■ 79

圃隱 鄭夢周 詩選 · 차례

권2/81

정주에서 중양절에 한상이 시를 지으라기에 ■ 83
홍무 임술년에 이원수를 따라 동쪽을 정벌하다 ■ 84
단주성 ■ 85
한가위 ■ 86
여진의 지도 ■ 87
삼산 ■ 88
을축년 구월에 중국 사신 학록 장부와 전부 주탁을 모시고
서경 영명루에 올라 판상의 시에 차운하다 ■ 89
명나라로 돌아가는 전부 주탁을 배웅하다 ■ 90
상주에서 김상국에게 지어 드리다 ■ 92
상주에서 서목사에게 지어 드리다 ■ 93
헌납 이첨이 감사로 가서 김해 연자루 앞에 매화를 심었다기에 시를 지어
부치다 ■ 94
나주 판관으로 부임하는 동년 이양을 배웅하면서 ■ 95
강안렴사에게 지어 주다 ■ 96
익양의 김규정에게 ■ 97
안동 서기로 부임하는 이수재를 배웅하다 ■ 98
둔촌의 시에 차운하여 동창에게 지어 드리다 ■ 100
계묘년 오월 초이튿날 비가 내려 홀로 앉았는데 이둔촌이 마침 오다 ■ 101
또 둔촌 시에 차운하다 ■ 102
둔촌의 시권에 쓰다 ■ 103
의주병마사 김지탁에게 부치다 ■ 105
호연스님의 두루마리에 쓰다 ■ 106
국간의 시권에 ■ 108
백정스님의 시권에 쓰다 ■ 109
이정언에게 부치다 ■ 110
삼봉에게 부치다 ■ 111
영주의 옛친구에게 ■ 112
김소년에게 지어 주다 ■ 113

차례 · 圃隱 鄭夢周 詩選

벗을 보내며 ■ 114
목은선생의 시에 차운하여 일본에서 온 무상인에게 지어 주다 ■ 115
암방에 있는 일본 스님 영무에게 지어 주다 ■ 116
일본 스님 홍장로에게 지어 주다 ■ 117
백운헌에게 지어 주다 ■ 118
무변스님에게 지어 주다 ■ 119
빙산 주지에게 부치다 ■ 120
일본에 가는 자휴상인을 배웅하다 ■ 121
스님에게 지어 주다 ■ 123
첨성대 ■ 124
중양절에 익양태수 이용이 세운 명원루를 두고 짓다 ■ 125
여흥루에 쓰다 ■ 127
전주 망경대에 오르다 ■ 129
평교관에 쓰다 ■ 131
김득배 원수에게 제를 올리다 ■ 132
도은 이숭인의 아내 만사 ■ 133
봄 ■ 134
동짓날 읊다 ■ 135
늦봄 ■ 136
《주역》을 읽고 세상의 도에 느낀 바 있어 자안·대림 두 선생에게 지어 부치다 ■ 137
《주역》을 읽다 ■ 138
한가위 달 ■ 139
돌솥에 차를 끓이다 ■ 140
겨울 밤에 《춘추》를 읽다 ■ 141
언양에서 구일날 감회가 있어 유종원의 시에 차운하다 ■ 142

연보 ■ 145
해설 ■ 152
원시제목 찾아보기 ■ 160

권1

삼월 십구일에 바다를 건너 등주 공관에서 잤는데 곽통사와 김압마의 배가 바람을 만나 오지 않기에 머물러 기다리다

등주에서 요동 벌판을 바라보니
하늘 저 끝이 아득하구나.
발해가 그 사이에 경계를 이뤄
동이와 중화로 땅이 갈렸네.
내가 오면서 배를 타보니
건너기 편리해 자랑스럽네.
어제는 바다 북쪽에 눈이 오더니
오늘 아침엔 바다 남쪽에 꽃이 피었네.
기후가 이렇게도 다르니
길이 먼 것을 알 수가 있네.
나그네 마음은 쉬 서글퍼지고
세상 일은 잘 어긋나,
함께 오던 두세 사람이
풍파에 길 잃고 헤매이네.
밤새도록 가슴 조이며 생각하다 보니
어느새 북소리가 둥둥 들려오네.
새벽에 봉래각에 오르자
치솟는 물결이 산더미 같아,
외로운 여관으로 돌아와서는
베개에 기대어 하염없이 시나 읊네.

三月十九日過海宿登州公館郭通事金押馬船遭風未至因留待

登州望遼野, 邈矣天一涯.
溟渤限其間, 地分夷與華.
我來因舟楫, 利涉還可誇.
昨日海北雪, 今朝海南花.
夫何氣候異, 可驗道路賒.
客懷易悽楚, 世事喜蹉跎.
偕行二三子, 相失迷風波.
終夜苦憶念, 耿耿聞鼓撾.
晨登蓬萊閣, 浪湧山嵯峨.
歸來就孤館, 欹枕空吟哦.

* 교정 : 교서관(校書館) 본에는 "3월(三月)" 위에 "병인(丙寅)" 두 글자가 있다. (원주)
  병인년은 1386년인데, 포은이 2월에 남경에 가서 세공(歲貢)을 줄여 달라고 청하였다.

황산역을 지나는 길에

보리이삭 파릇하고 뽕잎은 오밀조밀
기름진 땅 천 리 길에 호미와 곰방매가 늘어섰네.
북해와 닿은 곳이라 파도소리 드세고
동진을 껴안은 산에는 비췻빛이 떠 있네.
날마다 시 짓기를 일과로 삼으며[1]
애오라지 사절되어 봄놀이를 즐기네.
이번의 행차도 또 중국 가는 길이니
내일은 대궐에서 황제를 뵙겠구나.

黃山驛路上

麥穗靑靑桑葉稠. 沃饒千里接鋤櫌.
地連北海波聲壯, 山擁東秦翠色浮.
每寫詩篇爲日課, 聊將使節當春遊.
此行又是朝天去, 明日丹墀拜冕旒.

■
1. 집에 돌아가 돈 떨어졌다고 부끄러워 말게나.
   새로운 시가 비단주머니에 가득 찼으니까.
   還家莫愧黃金盡, 剩得新詩滿錦囊.-〈飮酒〉
   그는 중국이나 일본에 사신으로 오가며 수많은 시를 지었다. 눈에 보이는 경물마다 시로 읊었기에, 집에 돌아오면 비단주머니에 시가 가득했다고 한다

교수현에서 서교유와 헤어지며

모든 나라의 문화가 같고[1]
성스런 임금께서 문장을 높이시는데,
뜻밖에 훌륭한 선비 만나니
예전부터 알던 사이같이 기쁘네.
풍채는 후배들이 흠모하고
경술은 나의 스승이라,
크고도 멀게 보며 서로 권면해야지
어찌 이별을 안타까워하랴.

膠水縣別徐敎諭宣

萬方同軌日, 聖主右文時.
邂逅逢佳士, 懽忻似舊知.
風儀傾後輩, 經術卽吾師.
遠大宜相勉, 何須惜別離.

■
1. 지금 천하는 수레가 같은 궤도를 쓰고, 책이 같은 글자를 쓴다[今天下車同軌, 書同文].-《중용》
  진시황이 천하를 통일한 뒤에 전국 수레바퀴의 폭을 일정하게 정하여 교통을 편리하게 하였다. 문화가 통일되었다는 뜻인데, 이 시에서는 명나라가 새로운 나라를 시작한 뒤에 중국과 고려의 문화가 다시 같아졌다는 뜻으로 썼다.

객지 구서역에서 밤을 보내다

객지의 밤이니 누가 찾아오랴
시만 읊다가 이경이 다 되어가네.
베개 맡에선 시구절이 떠오르는데[1]
벽에는 등불빛만 밝구나.
잠자코 지난 일들 생각해보고
아득히 나아갈 길 헤아려 봤네.
얼핏 들었던 잠을 깨어나보니
종아이가 닭 울었다고 알려주네.

客夜在丘西驛

客夜人誰問, 沈吟欲二更.
詩從枕上得, 燈在壁間明.
默默思前事, 遙遙計去程.
俄然睡一覺, 僮僕報鷄鳴.

■
* 《대동시선》에는 〈경사객야(京師客夜)〉라는 제목으로 실려 있다.
1. 내가 곧 희심(希深)에게 말했다. "내 문장들은 세 군데 위에서 많이 지었으니, 마상(馬上)·침상(枕上)·측상(廁上)이다. 이곳들이 생각을 엮기에 더욱 좋은 곳이다."-구양수 <귀전록(歸田錄)> 2

한총랑의 압록강 시에 차운하다

돌아오면서 어찌 친구의 부름을 기다렸으랴
남산을 향해 콩을 심으려 했네.[1]
임금 명령을 받고 어찌 집안일을 돌보랴
관광하면서 또 천자도 뵈려 하였네.
중화 풍속 옛날에는 의관의 아름다움을 사모하여
토산물 바치려고 준마들을 가져가네.
태평성대 정치가 하나로 모였으니
강남과 해북 길이 멀지가 않네.

次韓摠郞鴨綠江詩韻

歸來豈待故人招, 擬向南山種豆苗.
受命何曾顧家事, 觀光又欲覲天朝.
華風昔慕衣冠美, 土貢今將駃騠驕.
盛代政逢收混一, 江南海北路非遙.

■
1. 남산 아래에 콩을 심었건만
　풀만 가득하고 콩싹은 드물구나.
　種豆南山下, 草盛豆苗稀.-도연명 〈귀전원거(歸田園居)〉
　도연명이 〈귀거래사〉를 짓고 고향으로 돌아와 농사를 지으며, 남산 아래에
　콩을 심었다.

일조현

바닷가 외로운 성에 풀과 나무 거친데
부상에서[1] 오르는 해를 가장 먼저 맞이하네.
나도 찾아와 동쪽 바라보며 머리 긁노라니
물결이 저 멀리서 고향과 맞닿았네.

日照縣

海上孤城草樹荒, 最先迎日上扶桑.
我來東望仍搔首, 波浪遙應接故鄕.

---

1. 부상은 동해 가운데 있었다는 큰 신목(神木)인데, 그 신목이 있는 나라나 해가 뜨는 곳을 다 '부상(扶桑)'이라고 하였다.

술을 마시며

나그네길 봄바람에 미친 흥이 절로 나
아름다운 곳 만날 적마다 술잔을 기울이네.
집에 돌아가 돈 떨어졌다고 이상하게 생각지 말게
새로운 시가 비단주머니에 가득 남았으니까.[1]

飮酒

客路春風發興狂, 每逢佳處卽傾觴.
還家莫愧黃金盡, 剩得新詩滿錦囊.

■
1. 당나라 시인 이하(李賀)가 아침에 말을 타고 나가면서 종에게 비단주머니를 지고 따르게 하였다. 시의 소재가 될 만한 것들을 볼 때마다 써서 비단주머니에 던져 넣었다가, 저녁에 돌아와서 시를 지었다. 시를 짓지 못한 날에는 크게 취하며 슬퍼하였다. 나중에는 비단주머니[錦囊]가 아름다운 작품이라는 뜻으로 쓰였다.

감유현에서 묵다

고을에 일이 없어 뜨락에 풀이 돋고
성 위에 조두[1] 소리도 들리지 않네.
노인들은 귀신 모셔 점괘를 뽑아보고
아이들은 서당 끝나 떠들며 이름 부르네.
버드나무 늘어진 못에는 날이 따뜻해 붉은 잉어들 노닐고
보리밭에는 바람 불어 푸른 물결이 일렁이네.
멀리 삼한에서 온 나그네는 서글프게도
농부에게 나루를 묻다가[2] 부끄러웠네.

■
1. 조두(刁斗)는 쟁개비와 징을 겸한 군용도구인데, 놋쇠로 만든 한말들이 그릇이다. 낮에는 취사도구로 쓰고, 밤에는 진을 경계하기 위하여 두드렸다.
2. 장저와 걸익(桀溺)이 함께 밭을 가는데, 공자께서 그곳을 지나다가 자로에게 나루를 묻게 하였다. 그러자 장저가 자로에게 물었다.
"저기 수레에 타고 있는 이가 누구인가?"
자로가 말했다.
"공구(孔丘)이십니다."
(줄임) 장저가 말했다.
"그 사람이라면 나루가 어디에 있는지 알고 있을 걸세."
(줄임) 걸익이 말했다.
"홍수같이 도도하게 모든 것이 파괴되어, 천하가 모두 그러하게 되었다. 그대들이 누구와 더불어 그 흐름을 바꾸겠는가? 그대들은 나쁜 사람을 피해 다니는 (공자 같은) 사람을 따르면서, 어찌 (우리같이) 어지러운 세상을 피해 다니는 사람은 따르지 않는가?"
(말을 마친 뒤에) 그들은 계속해서 밭을 갈았다. -《논어》 권18 <미자>

宿贛榆縣

縣官無事草生庭, 城上不聞刁斗聲.
父老賽神來討卦, 兒童下學競呼名.
柳塘日暖紅鱗戲, 麥隴風過翠浪生.
惆悵三韓遠遊客, 問津還愧耦而耕.

종성과 종본 두 아이를 그리워하다

백 가지 생각 모두 없어지고
관심은 온통 두 아이 뿐일세.
사랑스런 어미를 아직 못 떠났건만
옛사람 시를 이미 외우네.
착한 것을 내 어찌 쌓았으랴[1]
이름 날리는 것은 너희들이 스스로 기약했지.
내 이제 늙게 되면
저 아이들이 자라는 것 보겠지.

憶宗誠宗本兩兒

百念俱灰滅, 關心只兩兒.
未離慈母養, 已誦古人詩.
積善吾何有, 揚名汝自期.
秪思衰老日, 及見長成時.

∎

1. 착한 것을 쌓은 집에는 반드시 남은 경사가 있고, 착하지 않은 것을 쌓은 집에는 반드시 남은 재앙이 있다[積善之家, 必有餘慶, 積不善之家, 必有餘殃].-《주역》〈중지곤(重地坤)〉

이도은 정삼봉 이둔촌 세 군자를 생각하며

해 길어져 짙은 녹음이 동산 숲에 가득하니
도옹이[1] 혼자 앉아서 시 읊는 모습이 생각나네.
정생을[2] 만날 때마다 남아서 강학하고
때로는 둔촌을[3] 만나 심학을 함께 논했지.
달빛이 집모퉁이를 비치면 얼굴빛이 생각나고
바람이 발고리를 흔들면 발자국 소린가 의심했지.
뒤에 언제 만나 오늘 밤 이야기를 하랴
내일 아침엔 말 달려서 회음으로 향할텐데.

有懷李陶隱鄭三峰李遁村三君子

日長濃綠滿園林. 想見陶翁坐獨吟.
每遇鄭生留講學, 時邀李老共論心.
月臨屋角思顔色, 風動簾鉤訝足音.
後會何時說今夜, 明朝驅馬向淮陰.

■

1. 도은(陶隱) 이숭인(李崇仁 1347-1392)인데, 뒤에 이성계의 조선 건국을 반대하다가, 나주에서 매맞아 죽었다.
2. 삼봉(三峰) 정도전(鄭道傳 1337-1398)인데, 29세인 1370년에 성균박사(정7품)에 임명되어 정몽주·이숭인·김구용 등과 성리학을 강론하였다.
3. 이집(李集 1327-1387)의 호인데, 삼은(三隱)과 친하게 지냈다. 말년에 광주에 은거했는데, 서울 둔촌동이 바로 그가 살던 곳이다.

산동 노인

아낙네는 뽕을 따고 사내는 밭을 가는데
울타리 사이로 등이 타서 새 볕이 반갑네.
머리털은 몇 번이나 난리를 겪었지만
눈동자가 아직 있어 태평성대를 보네.
채마밭에 꽃이 피면 손수 물도 주고
이웃에 술 익으면 자주 불려 다니네.
팔십 년 전 이야기를 앉아서 하노라니
어린애들이 모여서 귀 기울여 듣네.

山東老人

婦去採桑男去耕. 籬間炙背喜新晴.
鬢毛幾閱經離亂, 眼孔猶存見太平.
小圃花開親灌漑, 比隣酒熟屢招迎.
坐談八十年前事, 童稚來聽耳共傾.

한신의 무덤

아들은 못났는데 여러 장수들은 든든해
고조는 예전의 공을 다시 생각 않았네.[1]
초왕이 마신 원한 황천 아래 있으니[2]
천년 뒤의 마음은 회옹만이 알리라.

韓信墓

嗣子孱柔諸將雄. 高皇無復念前功.
楚王飮恨重泉下, 千載知心只晦翁.

■
* 회안성 서쪽 40리에 있다. (원주)
1. (한나라 고조가 천하를 통일한 뒤에) 한신이 (장군) 종리매의 목을 가지고 진으로 가서 고조를 뵈었다. 그러자 고조가 (천하통일의 일등공신이었던) 한신을 결박하게 하고, 뒷수레에 실었다. 그제서야 한신이 깨달았다.
 "과연 사람들의 말이 맞았구나. '교활한 토끼가 죽고나면 훌륭한 사냥개를 삶아 죽이고, 높이 나는 새가 없어지면 훌륭한 활도 치워버린다. 적국을 깨트리고 나면 꾀많은 신하를 죽인다'고 했으니, 천하가 이미 평정된 뒤에 내가 삶아지는 것은 당연하다."-《사기》권92 〈회음후열전(淮陰侯列傳)〉
2. 한신은 처음에 초왕 항우에게 찾아갔었지만, 항우는 그를 제대로 평가하지 않아서 높이 쓰지 않았다. 결국 한신은 유방에게 찾아가서 항우를 멸망케 했다.

빨래하던 할미의 무덤

빨래하던 할미의 높은 인품을 내가 흠모했는데[1]
길이 옛무덤을 지나다보니 마음 아팠네.
왕손의 보답을 받지 않았다 말하지 마소[2]
천고의 꽃다운 이름이 몇천금 값어치는 되리라.

漂母塚

漂母高風我所歆. 道經遺塚爲傷心.
莫言不受王孫報, 千古芳名直幾金.

■
1. 흠(歆)자는 교정해야 한다. 3본에 모두 같은데, 뜻으로 미뤄본다면 아마도 흠(欽)자로 써야 할 듯하다. (원주)
2. 한신(韓信)이 미천하던 시절에 남창(南昌)의 정장(亭長)에게 밥을 얻어 먹었다. 정장의 부인이 싫어하자 성 밑에서 낚시질을 했는데, 몹시 배가 고팠다. 빨래하던 할미가 이를 가엾게 여겨 밥을 주었다. 한신이 고맙게 여겨 "내가 반드시 이 은혜를 중하게 갚겠다"고 하자, 그 할미가 성내며 "내가 왕손(王孫 : 존칭)을 가엾게 여겨 밥을 준 것인데, 어찌 보답을 바라겠소" 하였다. 한신은 그 뒤 패공(沛公 : 유방)에게 가서 대장군이 되어, 많은 전공을 세웠다. 초나라를 멸망시키는 큰 역할을 했으므로, 초왕(楚王)에 봉해졌다. 한신은 고향인 회음에 가서 빨래하던 할미에게 천금을 주어 보답하고, 남창 정장에게는 꾸짖은 다음 백금을 주었다.

회음역에서 길이 갈려 방진무와 헤어지다

나는 그림 그려진 배를 끌며 가고
그대는 채찍질하며 말을 달리게 하네.
나그네길이 이제 처음 갈리니
봄날의 시름을 더욱 못견디겠네.
푸른 산은 회수를 감돌고
꽃다운 풀은 강남에 가득하니,
내일은 유양역에서
다시 만나 밤새 이야기하세나.

淮陰驛分道別龐鎭撫

我行牽畵舸. 君去策飛驂.
客路初分處, 春愁愈不堪.
靑山繞淮甸, 芳草滿江南.
明日維楊驛, 還期共夜談.

배가 회음을 떠나 보응현을 향하다

백리 잔잔한 호수가 한 길 넘게 깊어
꽃배 오가기에 우리 집보다 낫네.
연잎 푸르게 펼치면 밥 싸기에 알맞고
길게 늘어진 새 버들가지는 고기를 꿰기에 알맞네.
험하고 쉬운 나그네길 지나다보니
세상 일에 승제(乘除)[1] 있음을 알겠네.
누워서 고향 생각타보니 좋은 곳도 많건만
이상하게도 푸른 산은 나만 홀로 저버리네.

舟發淮陰向寶應縣

百里平湖深丈餘, 畵船來往勝吾廬.
荷舒綠葉宜包飯, 柳長新枝可貫魚.
且向客途經險易, 因知世事有乘除.
臥思故里多佳處, 怪底靑山獨負余.

---

1. 곱셈과 나눗셈인데, 공(功)과 죄(罪), 훼(毁)와 예(譽)가 서로 상충되는 것을 뜻한다.

밤이 깊고 바빠서 제교설 선생을 만나지 못하고

현인이 세상에 들고 나는 것은 사람들의 생각보다 뛰어나
성한 덕과 높은 재주를 내 스승으로 모셨네.
역마을에 들려서 만나뵈려 했건만
어찌 세상 일은 잘 어긋나나.
누워서 지는 달 보며 그리움 다하지 않아
맑은 풍격 우러르며 후회가 따라드네.
이번 걸음에 며칠 안으로 수레 돌려 오고 싶건만
푸른 등불이 더욱 어두워지며 아름다운 기약을 저버리네.

僕在本國飽聞諸橋薛先生之名今過是驛莫夜怱怱殊失謁見之禮路上吟成七言唐律以圖後會云

名賢出處遠人知. 盛德高才我所師.
擬向郵亭成邂逅, 胡爲世事喜參差.
臥看落月思何盡, 仰慕淸風悔可追.
此去還車無幾日, 靑燈更莫負佳期.

■

* 원제목이 길다. 〈내가 본국에 있을 때에 제교설 선생의 이름을 익히 들었는데, 지금 이 역을 지나게 되었다. 밤이 깊고 바빠서 알현하는 예를 지키지 못하고, 길에서 칠언율시를 읊어 뒤에 만나기를 기약한다.〉

꿈

세상 사람들이 꿈을 많이 꾸건만
깨고나면 곧바로 헛것이 되네.
이런걸 보고 생각해보면
어찌 감통이 있을 수 있나.
은나라는 꿈에서 부열을 얻고[1]
공자는 주공을 보았으니[2]
이 이치를 사람이 만약 물으면
지극히 고요한 가운데 구해야 하네.

■
1. (은나라 고종이 상복을 벗고 아무런 말을 하지 않다가) 글을 지어 고하였다.
 "하늘이 나를 세워 온 세상을 바로잡도록 하셨지만, 나는 내 덕이 훌륭하지 못한 것을 두려워 하였다. 그래서 아무런 말도 하지 않고, 공경하고 침묵하면서 도를 생각하고 있었던 것이다. 그러다가 꿈에 하느님이 나에게 훌륭한 보필을 보내 주셨으니, 그가 나를 대신하여 말하게 될 것이다."
 그리고는 꿈에 본 모습을 더듬어 그려, 천하에 널리 찾게 하였다. 이때에 열(說)이 부암(傅巖)의 들판에서 흙을 다지고 있었는데, 그 그림의 모습과 같았다. 그래서 그를 세워 재상으로 삼고, 임금이 언제나 그를 좌우에 두었다.-《서경》 상서(商書) 〈열명(說命)〉 상
2. 도가 행해지지 않아, 내가 꿈에 주공을 보지 못한 지가 오래 되었다.-《논어》 〈술이(述而)〉

夢

世人多夢寐. 夢罷旋成空.
自是因思慮, 何能有感通.
殷家得傅說, 孔氏見周公.
此理人如問, 當求至靜中.

나그네 길에서 시름을 풀다

하늘과 땅은 우리를 용납하건만
세월은 이 늙은이를 저버리네.
비녀꽃은 짧은 머리에 부끄럽고
환약으로 노쇠한 몸을 지탱하네.
비바람에 돌아가는 배 작은데다
강호의 나그네는 베개가 외롭건만,
끝까지 임금을 위하느라고
처자식 생각은 할 수도 없네.

客中自遣

天地容吾輩, 光陰負老夫.
簪花羞短髮, 丸藥養殘軀.
風雨歸舟小, 江湖客枕孤.
終然爲君父, 不得念妻孥.

함께 온 젊은이에게 장난삼아 지어 주다

일찍이 들으니, 두목의 풍류가 최고라 했지.
매번 양주에 가서 몰래 놀기 좋아했다지.
오늘 〈주남〉의 왕화가 가까우니¹
길 가는 이들이여! 머리를 돌리지 마소.²

戱贈偕行年少

曾聞杜牧最風流. 每向楊州好暗遊.
今日周南王化近, 行人且莫錯回頭.

■

1. <주남>과 <소남>은 시초를 바르게 하는 도리[正始之道]이며, 왕화의 기본
   [王化之基]이다. -≪시경≫ 대서(大序)
2. 당나라 시인 두목은 풍류를 즐긴데다 풍채도 좋았는데, 그가 양주 유흥가에
   놀러가면 여인들이 그의 마차에다 귤을 던졌다고 한다. 귤이 마차에 부딪치
   는 소리를 듣고 그가 얼굴을 돌아보는 사이에 잠깐이라도 그의 얼굴을 보려
   고 했던 것이다.

배 속의 미인

가볍게 물살 짓는 목란 배에 아름다운 여인이 타
등에 꽂은 꽃가지가 푸른 물에 비치네.
배에 탄 나그네들 남북으로 오가며
일시에 애가 끊어져¹ 문득 고개를 돌리네.

舟中美人

美人輕漾木蘭舟. 背揷花枝照碧流.
北楫南檣多少客, 一時腸斷忽回頭.

■

1. 환공(桓公)이 촉(蜀)에 들어가 삼협(三峽) 가운데 이르렀는데, 부하 가운데 어떤 사람이 원숭이 새끼를 잡았다. 그러자 그 어미 원숭이가 강언덕을 따라 슬프게 울면서 쫓아왔는데, 백여리를 못 가서 드디어 배 위로 뛰어내리다가 그만 숨이 끊어졌다. 그 어미 원숭이의 배를 갈라서 그 속을 들여다보니, 창자가 마디마디 끊어져 있었다. 환공이 그 말을 듣고 노하여, 그 사람을 내쫓으라고 명했다.-《세설신어(世說新語)》〈출면(黜免)〉

사월 십구일에 강을 건너 용담역에 이르다

1.
눈 날릴 때 압록강 건넜다가
꽃 날릴 때 비로소 용담에 이르렀네.
보일 듯 말 듯 종산은 푸르기만 한데
흰 머리로 또다시 강남 땅을 밟네.

四月十九日渡江至龍潭驛

雪落來過鴨綠, 花飛始到龍潭.
隱約鍾山蒼翠, 白頭又踏江南.

∎

* 용담역은 중국 남경에 가까운 곳이다. 개성에서 팔천리나 되는 곳이기에, 어느새 계절이 바뀐 것이다.

황도

2.
나인이 한낮에 전갈을 알려
용 새긴 섬돌에 달려나가 어연을 향하였네.
성인 말씀이 가까이 들리니 하늘이 지척이라
넓은 은혜가 멀리 해동까지 미쳤네.
물러나오며 나도 모르게 두 줄기 눈물 흐르니
감격하여 오로지 만수무강을 비네.
이로부터 삼한이 황제의 힘을 입어
밭 갈고 우물 파서 편안히 잠자겠네.[1]

皇都 四首

內人日午忽傳宣. 走上龍墀向御筵.
聖訓近聞天咫尺, 寬恩遠及海東邊.
退來不覺流雙涕, 感激唯知祝萬年.
從此三韓蒙帝力, 耕田鑿井摠安眠.

∎

* 신 몽주가 홍무 병인년(1386) 4월에 국표(國表)를 받들고 (명나라) 서울 회동관에 있었는데, 이달 23일에 황제께서 봉천문(奉天門)에 납시어 나인을 보내며 신에게 빨리 들어오라고 전갈하셨다. 친히 선유(宣諭)를 전하셨는데, 교회(敎誨)가 지극히 간절하셨다. 본국의 세공(歲貢)인 금과 은, 말과 베 일체를 덜어주시어, 지극한 성은을 감격하지 않을 수 없었다. 삼가 시를 지어서 그 뜻을 적는다. (원주)
1. 요순(堯舜) 시대에 임금이 정치를 잘하여, 백성들은 임금이 있는지도 몰랐다. 그래서 "밭 갈아 먹고 우물 파서 마시는데, 임금의 힘이 우리에게 무슨 소용 있느냐?"라고 노래를 불렀다고 한다. 이 노래가 바로 〈격양가(擊壤歌)〉이다.

백로주에 배를 대다

백로주의 물결은 하늘에 닿고
봉황대 아래 풀빛은 연기 같구나.
세 산과 두 강물은 옛날 그대로지만
당년의 이적선은[1] 보이지 않네.[2]

舟次白鷺洲

白鷺洲邊浪接天. 鳳凰臺下草如烟.
三山二水渾依舊, 不見當年李謫仙.

∎
* 주(洲)는 관음산 아래 있다. (원주)
1. 태자빈객 하감(賀監)이 장안에서 나를 처음 만났을 때에 나더러 적선(謫仙)이라고 불렀다. 자기가 차고 있던 금귀(金龜)를 풀어 술과 바꿔 마시면서 서로 즐겼다. -이백 <대주억하감시(對酒憶賀監詩)> 서
하감(賀監)은 비서감을 지낸 하지장(賀知章)을 가리키며, 귀어(龜魚)는 황금으로 만든 거북과 고기 모양의 노리개이다.
2. 봉황대 위에 봉황새가 놀았건만
봉황은 가고 대(臺)는 비어 강물만 흐르네. (줄임)
금릉의 세 산은 푸른 하늘에 솟았고
진수와 회수는 백로주 끼고 갈라져 흐르네.
鳳凰臺上鳳凰遊. 鳳去臺空江自流.
三山半落青天外, 二水中分白鷺洲.-이백 〈등금릉봉황대(登金陵鳳凰臺)〉
백로주는 남경(南京) 서남쪽 양자강에 있는 섬인데, 당나라 시인 이백이 봉황대에 올라서 이 시를 지어 유명해졌다.

양자강 나루에서 북고산을 바라보며 김약재를 애도하다

선생의 호방한 기개가 남쪽 지방에 떨쳤었지.
옛날 다경루에 우리 함께 올랐었지.
오늘 다시 왔지만 그대는 보이지 않네.
촉강 어느곳에 외로운 혼이 노니시는지.

楊子渡望北固山悼金若齋

先生豪氣益南州. 憶昔同登多景樓.
今日重遊君不見, 蜀江何處獨魂遊.

■
* 김약재(金若齋)는 척약재(惕若齋) 김구용(金九容 1338-1384)을 가리키는데, 1384년에 요동에 사신으로 갔다가 명나라 수도인 남경으로 압송되어, 운남성 대리위(大理衛)로 유배되었다. 그가 가져간 자문(咨文)에 "말 오십 필(五十匹)"을 가져온다고 할 것을 "오천 필(五千匹)"이라고 잘못 적었기 때문이다. 명나라에서는 말 오천 필을 가져와야 용서한다고 했는데, 당시 고려 조정의 실권자인 이인임은 말을 보내 주지 않았다. 그래서 김구용은 유배지로 가던 도중에 객사하였다.

남쪽을 바라보다

필마로 아침에 건업을[1] 떠나
편주로 저녁에 양주에 이르렀네.
창자 끊어져[2] 남쪽은 바라보지 못하고
질펀한 강물 긴 산만 하염없이 바라보네.

南望

匹馬朝辭建業, 扁舟暮抵維楊.
腸斷不堪南望, 空看水遠山長.

■

1. 삼국시대에 손권이 오나라 도성으로 정했던 곳인데, 강소성 강녕현 남쪽에 있었다.
2. 37쪽에 설명하였다.

단오날 장난삼아 짓다

올해 단오날은 우정에서 보내니
그 누가 창포주를 한 병 보내주랴.
오늘은 각서를[1] 물에 넣지 말지니
나도 굴원처럼 취하지 않고 산다네.[2]

端午日戲題

今年端午在郵亭. 誰送菖蒲酒一甁.
此日不宣沈角黍, 自家還是屈原醒.

■
1. 원문의 각서(角黍)는 중국 사람들이 갈대잎에다 쌀이나 기장을 싸서 삶아 먹던 계절 음식인데, 모양이 딱딱해지므로 각서(角黍)라고 불렸다. 초나라 충신 굴원이 멱라수에 빠져 죽은 5월 5일이 되면 그 지방 사람들이 각서를 물에 던져 굴원의 넋을 위로하였다.
2. 굴원이 지은 〈어부사〉에서 어부가 굴원에게 "세상 사람들이 모두 취했는데, 그대만 어찌 술지게미를 먹고 모주를 마시지 않는가?"라고 충고하였다. 그러자 굴원이 "새로 머리를 감은 자는 반드시 관의 먼지를 털고, 새로 멱감은 자는 반드시 옷의 먼지를 턴다"고 말하였다.

호수에서 물고기를 보다

1.
깊은 연못에 잠겼다가 뛰어오르기도 하네.[1]
자사는 무슨 생각으로 경전에 적었던가.[2]
그런 눈으로 분명히 보면
세상 만물이 참으로 활기찬 고기처럼 되겠네.

湖中觀魚 二絶

潛在深淵或躍如. 子思何取著于書.
但將眼孔分明見, 物物眞成潑潑魚.

■

1. 솔개는 날아서 하늘에 이르고
   물고기는 뛰며 연못에 노네.
   점잖으신 군자님께서
   어찌 백성들을 교화하지 않으시랴.
   鳶飛戾天. 魚躍于淵.
   豈弟君子, 遐不作人.-《시경》 대아 〈한록(旱麓)〉
2. 《시경》에
   솔개는 날아서 하늘에 다다르고
   물고기는 못에서 뛰고 있네.
   라고 하였으니, 그것이 위아래로 드러남을 말한 것이다. 군자의 도는 하찮은 지아비, 지어미에게서 발단되지만, 그 지극한 경지에 이르러서는 천지에 드러나는 법이다.-《중용》
   자사는 모시(毛詩)의 해설에 따라서 "위아래로 이르렀음을 말한 것"이라고 하였지만, 이 시에 대한 정현(鄭玄)의 해설은 다르다.
   "솔개는 탐악한 새이다. 그런 솔개가 하늘로 날아 올라간 것을 가지고, 악인이 멀리 가버려서 백성들에게 해를 끼치지 않게 되었음을 비유한 것이다. 물고기가 못에서 뛰는 것을 가지고는 백성들이 살게 되었음을 기뻐하는 것에다 비유하였다."

2.
고기는 내가 아니고 나도 고기 아니니
사물의 이치가 서로 어긋나 같지가 않네.
《장자》 한 권에서 호상의 논리를 펼쳐[3]
천년 뒤 지금까지도 사람을 미혹케 하네.

魚應非我我非魚. 物理參差本不齊.
一卷莊生濠上論, 至今千載使人迷.

3. 장자가 혜자(惠子)와 함께 호수(濠水) 다리 위에서 거닐다가 말했다.
"피라미가 나와서 유유히 헤엄치고 있군. 이게 바로 피라미의 즐거움인 게지."
그러자 혜자가 말했다.
"자네는 물고기도 아니면서 어찌 물고기의 즐거움을 아는가?"
장자가 말했다.
"자네는 내가 아닌데, 어찌 내가 물고기의 즐거움을 모를 것이라는 것을 아는가?"
혜자가 말했다.
"내가 자네가 아니기에 자네를 알지 못한다면, 자네도 물고기가 아니니, 자네가 물고기의 즐거움을 알지 못한다는 것은 틀림없는 말이 아닌가?"
장자가 말했다.
"이야기를 처음으로 돌려 보세. 자네가 나더러 '어찌 물고기의 즐거움을 알겠나' 하고 물은 것은 이미 자네는 내가 물고기의 즐거움을 알고 있다는 사실을 알았기 때문이지. 그래서 내게 그런 질문을 했던 것일세. 나는 호수(濠水) 가에서 물고기와 일체가 되었기에 그들의 즐거움을 알고 있었던 것이라네."-《장자》〈추수(秋水)〉

제성현에서 피리 소리를 듣다

매화비가[1] 개어 서늘해지자
푸른 숲 짙은 그늘에 더운 기운 가셨네.
베개 베고 잠시 잠 들자 대자리 위에 바람이 불고
창 너머 이따금 퉁소 소리도 들려오네.

諸城縣聞簫

黃梅雨歇嫩凉生. 綠樹陰濃暑氣淸.
欹枕暫眠風簟上, 隔墻時聽鳳簫聲.

■

1. 매실이 익으면 노랗게 된다. 이 무렵에 내리는 비를 황매우(黃梅雨)라고 하는데, 하지 전에 내린다.

전횡도

오백 사람이 다투어 죽으려 했으니
전횡의 높은 의리 천추를 감동시켰네.[1]
당시 잃은 땅을 어찌 책임지랴
한나라가 너그럽고 어질어 만백성을 얻었네.

田橫島

五百人爭爲殺身. 田橫高義感千春.
當時失地夫何責, 大漢寬仁得萬民.

---

1. 전횡은 제왕(齊王) 전영(田榮)의 아우인데, 제나라가 한신(韓信)에게 패망하자 전횡이 스스로 왕위에 올라 제나라를 회복시키려고 했다. 한나라가 천하를 통일하자, 전횡은 부하 500명을 거느리고 달아나 섬으로 들어갔다. 한나라 고조가 전횡을 불러 왕이나 제후에 봉하겠다고 하자, 전횡이 두 객(客)과 함께 낙양을 향해 떠났다. 그러나 낙양 30리 못 미처 자살했고, 두 객도 함께 죽었다. 그러자 섬에 남아 있던 500명 부하도 모두 자살했다. 뒷날 많은 시인들이 전횡을 노래하였다.

봉래각

약초 캐러 갔다가 창해가 깊어 돌아오지 못하자
진시황이 이곳에 올라 동쪽을 바라보았네.
서생의 속임수를 알기 어렵지는 않건만
이로부터 임금들에게 욕심이 생겼네.[1]

蓬萊閣

採藥未還滄海深, 秦皇東望此登臨.
徐生詐計非難悟, 自是君王有欲心.

---

1. 제나라 사람 서불(徐市)이 (진시황에게) 글을 올려 아뢰었다.
　"바다 가운데 삼신산(三神山)이 있습니다. 봉래산·방장산·영주산이라고 하는데, 그곳에 신선들이 살고 있습니다. 청컨대 목욕재계하고 나서 동남(童男) 동녀(童女)를 데리고 신선을 찾아나서게 하여 주소서."
　그러자 진시황이 서불에게 명하여, 동남 동녀 수천명을 선발하여 바다로 들어가서 신선을 찾게 하였다.-《사기》권6 〈진시황본기(秦始皇本紀)〉

안시성에서 옛날을 생각하며

황금전 위에서 옷자락 늘어뜨리고 앉아 다스렸지만[1]
백전 승장의 영웅도 어쩔 줄 몰랐네.
태종이 친히 정벌하던 그 날을 생각해 보니
풍부가 수레에서 내리던 그날과 같았겠네.

安市城懷古

黃金殿上坐垂衣. 百戰雄心不自持.
想見太宗親駕日, 宛如馮婦下車時.

■
1. 옷자락을 늘어뜨리고 손을 맞잡고만 있어도 천하가 잘 다스려졌다[垂拱而天下治].-《서경》〈무성〉
원문의 수의(垂衣)는 수의공수(垂衣拱手)의 준말인데, 하는 일이 없어도 천하가 잘 다스려진다는 뜻이다.

양자강

초를 뚫고 오를 삼켜[1] 기상이 웅혼하니
지금까지 사해가 이 강을 조종으로 삼았네.
물결 거슬러 올라가며 근원을 묻는다면
아미산 제일봉까지 곧바로 다다르겠지.

楊子江

貫楚吞吳氣象雄. 如今四海此祖宗.
泝流若問江源去, 直到峨眉第一峰.

---

1. 초(楚)와 오(吳)는 둘 다 양자강을 끼고 남쪽에 있던 큰 나라인데, 장강(長江)이 중국 대륙을 강북과 강남으로 나누었다.

이적이 싸우던 곳에서

세 번이나 요하를 건넜다가 적을 처음 꺾었으니
당시 싸웠던 해골들이 또한 슬프구나.
싸움에 몰린 책임추궁을 군왕이 받고
그 집안에 부귀 영화가 돌아갔다네.[1]

李勣戰處

三渡遼河敵始摧. 當時戰骨亦哀哉.
君王竟受窮兵責, 好把渠家富貴來.

■
* 이적(583-669)은 고구려를 멸망시킨 당나라 장군인데, 본래 성은 서(徐)이고, 이름은 세적(世勣)이다. 여러 차례 큰 공을 세우고 여주총관에 제수되면서 당나라 황실의 성인 이씨(李氏) 성을 받았다. 당나라 태종 18년(644)에 태종이 고구려를 친히 정벌했는데, 이적도 요동도 행군대총관으로 참전하여 개모·요동·백암성을 함락시켰다. 그러나 안시성 싸움에서 이기지 못하고 물러갔다. 고종 2년(667)에 다시 요동도 행군대총관이 되어 2만 군사를 이끌고 고구려를 쳐서, 17개 성을 함락시켰다. 668년에 평양성까지 함락시키고 고구려 왕에게 항복을 받았다.
1. (이적이) 고구려를 깨뜨려 보장왕과 남건을 사로잡고, 그 땅을 찢어서 주(州)·현(縣)으로 만들었다. (황제가) 이적에게 조서를 내려 (고구려) 포로들을 소릉(昭陵 태종의 능)에 바치고 선제(先帝)의 뜻을 밝힌 다음, 군용(軍容)을 갖추고 종묘에 아뢰게 하였다. 이적의 지위를 태자태사(太子太師)로 승진시키고, 식읍(食邑) 1,100호를 더하여 주었다.-《신당서(新唐書)》 권93 〈이적〉

복주관의 우물

누가 관을 지으며
담장 동쪽에 우물을 팠나.
붉은 해는 하늘에 움직이고
맑은 샘은 땅에서 나네.
오가는 이들 베짜듯 그치지 않는데
아무리 따르고 마셔도 다함이 없네.
역(易)을 즐기며 관상을 보았더니
그 사물 다스리는 공을 알아보겠네.

復州館中井

伊誰脩館宇, 鑿井在墻東.
赤日行天上, 淸泉出地中.
往來紛似織, 酌飮利無窮.
玩易曾觀象, 知渠濟物功.

양주에서 비파를 먹다

천성이 남쪽에서 태어나
곧은 자세로 추운 겨울을 지내네.
잎은 무성해 푸른 깃이 엇갈리고
열매가 익으면 황금빛 알맹이가 주렁주렁.
약 속에 넣어서도 쓰고
얼음 쟁반에 바쳐 먹기도 하네.
초강 가에서 새 열매 맛보았으니
씨를 가져다 우리나라에 심어보리라.

楊州食枇杷

稟性生南服, 貞姿度歲寒.
葉繁交翠羽, 子熟簇金丸.
藥裹收爲用, 冰盤獻可飡.
嘗新楚江上, 懷核種東韓.

복주에서 앵도를 먹다

오월인데도 요동 땅은 더운 기운이 없어
앵두 열매가 처음 익으며 가지 휘도록 달렸네.
나그네길에서 새 맛을 보니 도리어 애가 타
우리 임금 묘당에 천신하실[1] 때까지 못 대겠구나.

復州食櫻桃

五月遼東暑氣微. 櫻桃初熟壓低枝.
嘗新客路還腸斷, 不及吾君薦廟時.

■

1. 이 달에 농부가 햇곡식을 바친다. 천자가 새 맛을 보기 전에, 먼저 묘당에 바쳤다.-《예기》〈월령(月令)〉
   청아한 벽제 소리 세 번 울리자 닫힌 문이 열리더니
   작은 가마로 새벽에 나서서 서원으로 거둥하시네.
   임금께서 연은전에 납신다고 하시니
   아마도 앵두를 묘당에 천신하시겠지.-허균 《성소부부고》권2〈궁사(宮詞)〉3

웅악의 옛성에서

야윈 말로 황폐한 성을 지나면서
지친 행색으로 머뭇거렸네.
회오리바람은 모래를 일으키고
한 조각 빗줄기가 구름 쫓아 흩날리네.
날 저물자 여우 늑대 달리고
깊은 숲에 새들이 돌아오는데,
슬프구나! 북으로 가는 군졸들은
수레 아래에 기대어 자네.

熊嶽古城

瘦馬荒城路, 低佪行色微.
旋風帶沙起, 片雨逐雲飛.
日落狐狸走, 叢深鳥雀歸.
哀哉北征卒, 車下宿相依.

요하 뱃길의 곡식 나르기

해마다 요하 강물에
오나라 곡식을 날랐네.
만리에 봉화 오르면
돛단배 천 척이 줄을 이었지.
임금께선 길 멀다 걱정하는데
군사들은 배불리며 즐기네.
어찌하면 둔전에[1] 더 많이 씨를 뿌려
먹을 거리를 스스로 넉넉케 하랴.

遼河漕運

年年遼水上, 粳稻自東吳.
萬里連烽燧, 千帆接舳艫.
主憂因遠略, 師飽只相娛.
安得增屯種, 於焉足所需.

---

1. 군사들이 진을 치고서 농사 짓던 밭인데, 군량미를 자급자족하였다.

개주에서 빗속에 뒷사람들을 기다리다

일 없어 잠이나 자려고
아침 내내 대침상에 누웠다가,
빗소리에 놀라 고향꿈 깨고나자
하루 내내 나그네 시름만 길구나.
뒤진 말은 구름과 산 너머 오건만
돌아갈 길은 진흙탕으로 막혔네.
어느 날에야 비 개어 기쁜 얼굴로
서로 이끌며 요양을 지나려나.

盖州雨中留待落後人

無事唯宜睡, 終朝臥竹床.
雨驚鄕夢破, 日共客愁長.
後騎雲山隔, 歸程泥路妨.
何時喜晴霽, 相率過遼陽.

회동관의 버드나무

홍무 초년에 심었는데,
꿋꿋하게 뻗어 상림에 닿았네.
새 가지가 푸른 기와를 넘고
푸른 잎이 꽃비녀에 그늘지네.
봉황새들 춤추며 가득 모인데다
길러주는 비와 이슬도 은혜 깊었네.
나도 찾아와 성스런 덕을 노래하고는
한 바퀴 돌며 시를 읊어보네.

會同館柳

洪武初年種. 亭亭接上林.
新梢過碧瓦, 綠葉蔭華簪.
舞集鸞鳳盛, 生成雨露深.
我來歌聖德, 遶樹一沈吟.

---

* 교정 : 난황(鸞凰)이 교서관본(校書館本)에는 봉(鳳)으로 되어 있는데, 잘못이다. (원주)

발해의 옛성

발해가 옛날 나라였는데
이젠 빈 터만 남았네.
당나라가 이어받게 하더니
요씨가 삼켜버렸네.[1]
우리에게 붙은 신하들[2] 온전하여서
지금껏 자손들이 이어져 오네.
남은 백성들이야 이를 어찌 알랴
탄식하면서 돌아와 사네.

渤海古城

渤海昔爲國, 於焉遺址存.
唐家許相襲, 遼氏肆并吞.
附我全臣庶, 于今有子孫.
遺民那解此, 嘆息住歸軒.

■

1. 926년에 거란이 발해를 멸망시키고, 그 땅에 동단국(東丹國)을 세웠다.
2. 928년부터 발해의 유민들이 잇달아 고려에 귀순하였으며, 934년에는 발해 세자 대광현(大光顯)이 수만명을 이끌고 귀순하였다.

강남에서 도은을 생각하며

강남 나그네 길에서 언제나 혼자 읊다보니
비단주머니에 시 천 수가 바로 광음일세.
시 짓는 병이 옛날과 같다고 꺼리시겠지만
다음에 그대 만나면 차운하라고 부탁하리다.

江南憶陶隱

客路江南每獨唫. 錦囊千首是光陰.
只嫌詩病還依舊, 他日煩君試一針.

시를 읊으며

아침 내내 높이 읊다가 또 가만히 읊어보니
모래 헤쳐 금 불리듯 괴롭기만 하구나.
시 짓느라 비쩍 말랐다고 괴이쩍게 여기지 마소
아름다운 글귀 찾기가 어렵기 때문이라오.

吟詩

終朝高詠又微吟. 苦似披沙欲鍊金.
莫怪作詩成太瘦, 只緣佳句每難尋.

강남곡

강남의 아가씨가 머리에 꽃을 꽂고
웃으며 벗들을 불러 꽃 핀 물가에서 노닐었네.
노를 저어 돌아오려니 해는 막 지는데
원앙새 짝져 날아 시름이 그지없네.

江南曲

江南女兒花揷頭. 笑呼伴侶游芳洲.
蕩槳歸來日欲暮, 鴛鴦雙飛無限愁.

∎

* (그는) 풍류가 호탕하여 천고에 빛났으며, (이) 시 또한 악부시(樂府詩)와 몹시
  비슷하다.-허균 《성수시화》 17

서방님을 전쟁터에 보낸 아내의 원망

1.
이별한 뒤 여러 해 동안 소식도 없으시니
변방에 살아 계시는지 그 누가 알겠어요?
오늘 아침에 겨울옷 부치러 가는 사람은
울며 배웅하고 돌아오던 날 뱃속에 있던 아이랍니다.

征婦怨

一別年多消息稀. 塞垣存歿有誰知.
今朝始寄寒衣去, 泣送歸時在腹兒.

2.
회문시를 짜고 나니 비단글자 새로운데[1]
봉해서 멀리 부치려 해도 전할 길 없어 한스럽네요.
이 많은 사람 가운데 요동 가는 나그네가 있는지
날마다 나루 어귀에서 길손에게 물어본답니다.

織罷回文錦字新. 題封寄遠恨無因.
衆中恐有遼東客, 每向津頭問路人.

1. 회문시(回文詩)는 제나라와 양나라에서 시작되었는데, 대개 문자의 유희이다. 옛날 두도(竇滔)의 아내 소혜(蘇惠)가 (회문시를 넣어서) 비단을 짠 뒤에도 그 법이 그대로 남아 있어, 송나라 삼현(三賢)이 또한 모두 (회문시에) 뛰어났다. 회문시는 바로 읽어도 (그 뜻이) 순조롭고 쉬우며, 거꾸로 읽어도 빡빡하거나 껄끄러운 느낌이 없이 말과 뜻이 모두 묘해야만 좋은 시라고 말할 수 있다. -이인로《파한집》
  이인로가 말한 소혜의 직금(織錦)이란 본래 이름이 <회문선기도직금(回文璇璣圖織錦)>인데, 하늘의 별자리 모양인 선기도안(璇璣圖案) 위에 가로세로 각기 29자씩 841자를 바둑판처럼 수놓은 것이다. 이 841자로 수놓은 시를 돌려 읽거나 가로세로로 읽거나 대각선으로 읽거나 건너뛰어 읽는 등 여러 가지 방법으로 읽어보면 무려 200여 수의 시를 읽어낼 수 있다. 이렇게 시 짓는 회문(回文)의 방법이 비단을 짜는 것과 어울린 까닭은 남편을 멀리 떠나보낸 아내가 비단에다 한 글자씩 수놓아서 편지 대신에 부쳤던 관습이 중국에 있었기 때문이다.

태창에서 구월을 맞아 공부주사 호련에게 지어 주다

남자는 평생 먼 곳에 노닐기를 좋아하니
타향에서 머문다고 어찌 탄식하랴만,
진번이 의자를 내려줄 사람은 없고[1]
왕찬의 다락에 올라갈 사람만 있네.[2]
집집마다 다듬이질 소리에 달빛 밝은 밤
강 위엔 돛그림자 흰마름꽃 가을일세.
때가 되어 성동 장터에서 술 마신다면
호방한 기운이 온 세상을[3] 채우련만.

■
* 태창현은 명나라 때에 설치한 고을인데, 강소성에 속하였다.
1. 한나라 때에 진번(陳蕃)이 태수가 되자 정사가 바빠 일반 손님들은 접견하지 않았지만, 서치(徐穉)나 주구(周璆)는 정성껏 맞이했다. 그래서 이들이 올 때에는 의자를 내려 놓았다가, 그들이 돌아가면 그 의자를 다시 매달아 놓았다고 한다.
《동문선》이나 《대동시선》에는 "위하(爲下)"가 "경소(更掃)"로 되어 있다. 그렇게 되면 "진번의 의자를 쓸어줄 사람은 없고"라는 뜻이 된다.
2. 왕찬은 중국 삼국시대 위나라 고평 사람인데, 박학다식한 데다 문장도 뛰어났다. 한나라 말기에 형주로 피난가서 유표(劉表)에게 몸을 의탁하고 지냈는데, 자기의 뜻을 펼 수가 없었다. 그래서 다락에 올라가 〈등루부(登樓賦)〉를 지었다. 원나라 때에는 〈왕찬등루(王粲登樓)〉라는 극까지 생겨났다.
포은이 이 시에서 진번이나 왕찬의 고사를 인용한 것은 드넓은 중국에서 자신의 속마음을 알아주는 사람이 없음을 탄식한 것이다.
3. 《서경》 〈우공(禹貢)〉에 우임금이 홍수를 다스리고 중국 땅을 아홉 지방으로 나누어 9주를 정한 사적이 실려 있는데 9주는 기주(冀州), 연주(兗州), 청주(靑州), 서주(西州), 양주(揚州), 형주(荊州), 예주(豫州), 양주(梁州), 옹주(雍州) 등이다. 여기서는 사람이 사는 세상을 가리킨다.

太倉九月贈工部主事胡璉

男子平生愛遠遊. 異鄉胡乃歎淹留.
無人爲下陳蕃榻, 有客獨登王粲樓.
萬戶砧聲明月夜, 一江帆影白蘋秋.
時來飲酒城東市, 豪氣猶能塞九州.

용강관

목란배로 아침 일찍 봉황대를 떠났네.
관문이 까마득히 높아 머리를 거듭 돌렸네.
종산에 시 한 구절을 짓고 싶건만
용강의 진졸이 빨리 타라고 재촉하네.

龍江關

蘭舟早發鳳凰臺. 城關崔巍首重回.
欲爲鍾山題一句, 龍江津吏苦相催.

강남의 버들

강남땅 버들이 강남땅 버들이
봄바람에 한들한들 황금실이 흔들리네.
강남땅 버들빛은 해마다 좋건마는
강남길 나그네는 언제나 돌아가려나.
푸른 바다 망망하게 만길 파도 넘실대고
고향 산은 저 멀리 하늘 저 끝에 있는데,
하늘 끝에 이 몸은 돌아가는 배만 밤낮 바라보고
지는 꽃만 마주앉아 부질없이 탄식하네.
부질없는 장탄식에 집생각 괴로우니
이 먼 곳의 길 어려움을[1] 어찌 아시겠나.
인생 살면서 먼길 나그네 부디 되지 말게나
소년시절 귀밑머리가 흰 눈처럼 된다네.

江南柳

江南柳江南柳,　　春風嫋嫋黃金絲.
江南柳色年年好, 江南行客歸何時.
滄海茫茫萬丈波, 家山遠在天之涯.
天涯之人日夜望歸舟, 坐對落花空長嘆.
空長嘆但識相思苦, 肯識此間行路難.
人生莫作遠游客, 少年兩鬢如雪白.

■
1. 포은은 홍사범(洪師範)의 서장관으로 명나라에서 돌아오는 길에 풍랑을 만나 13일 동안 바다에서 표류하다가 명나라 배에 구조되어 귀국하였다. 명나라를 오가는 길의 어려움에다 인생길의 어려움까지 표현한 말인데, 〈행로난(行路難)〉은 악부시(樂府詩)의 제목으로도 널리 쓰였다.

발란점으로 가는 길에서

저녁이 되어 주막을 묻는데
날씨가 추워 나그네가 드무네.
삭풍이 여윈 말에게 불고
싸락눈이 옷에 나리네.
뜬 세상에 몸을 붙이니
위험한 길에 계획은 쉬 어긋나네.
저 멀리 고향 산 아래선
아이가 사립문을 닫겠지.

孛蘭店路上

向夕問前店, 天寒行旅稀.
朔風吹瘦馬, 微雪點征衣.
浮世身如寄, 危途計易非.
遙知故山下, 稚子掩柴扉.

다경루에서 계담에게 지어 주다

평생에 호연지기를[1] 한번 펼치려면
모름지기 감로사 다락 앞에 와 보아야 하리라.
옹성의 뿔피리는 석양 속에 들려오고
과포로 가는 배는 가랑비 너머 보이네.
옛 가마엔 아직도 양나라 세월이 남아 있고[2]
높은 누각이 곧바로 초나라 산천을 압도하네.
올라와서 반나절만 스님 만나 얘기하면
우리나라 돌아가는 팔천 리 길을 잊을 걸세.

■
* 다경루는 중국 강소성 북쪽 고산 감로사에 있는 다락인데, 포은이 명나라에 사신으로 갔다가 지은 시이다.
** 춘정(春亭) 변선생이 일찍이 이렇게 말했다. "포은의 호매준장(豪邁峻壯)하고 횡방걸출(橫放傑出)한 기상이 대체로 이 시에서 드러난다."-서거정 《동인시화》
  변선생은 변계량(卞季良)을 가리킨다.
1. (공손추가 맹자에게 물었다.)
  "감히 여쭙겠습니다. 선생님께선 어떠한 것을 잘하십니까?"
  "나는 남의 말을 다 알아들을 수가 있고, 나의 호연지기(浩然之氣)를 잘 기른다."
  "무엇을 호연지기라고 합니까?"
  "말로 설명하기는 힘들다. 호연지기의 기(氣)는 지극히 크고도 강해서, 바르게 길러 해치지만 않는다면 천지 사이에 가득 찰 수 있다. 또 그 기는 의(義)와 도(道)를 동반하니, 그렇지 않으면 허탈해진다. 호연지기는 의가 모여서 된 것이지, 의를 밖으로부터 빌어온 것은 아니다. 행동하는 것이 마음에 통쾌하지 않으면 허탈해진다. 그래서 나는 '고자는 의(義)를 안 적이 없다'고 생각한다. 그는 이 의를 밖에서 온다고 여겼기 때문이다.

多景樓贈季潭

欲展平生氣浩然, 須來甘露寺樓前.
甕城畫角斜陽裏, 瓜浦歸帆細雨邊.
古鑊尙留梁歲月, 高軒直壓楚山川.
登臨半日逢僧話, 忘却東韓路八千.

 이런 호연지기를 기르기에 힘써야 하지만, 그것만 학수고대하지 말고, 그렇다고 마음에 잊어서도 안되며, 무리하게 조장해서도 안된다."-《맹자》권3 〈공손추〉상
2. 윤주(潤州) 감로사에 양나라 무제(武帝)가 만든 큰 가마솥 두 개가 있는데, 쇠가 수만 근이나 들었다. 이 솥으로 음식을 만들어 스님들에게 주었다.

오호도

세 호걸이 헛수고하여 한나라 신하 되었으니[1]
한때의 공과 업적이 티끌 되고 말았네.
지금껏 오호도에 그 이름 남아서
길이 나그네에게 눈물지게 하는구나.

嗚呼島

三傑徒勞作漢臣. 一時功業竟成塵.
只今留得嗚呼島, 長使行人淚滿巾.

■
1. 전담(田儋)은 적(狄) 땅 사람인데, 옛 제나라 왕인 전씨(田氏)의 일족이다. 전담의 종제는 전영(田榮)이고, 전영의 아우는 전횡(田橫)인데, 모두 호걸이었다. 그 종족이 강성하였기 때문에 사람들의 인심을 얻을 수 있었다. (줄임)
(한나라 고조에게 항복한) 전횡이 자살하면서, 빈객으로 하여금 자신의 머리를 받들고서 사자를 따라 말을 달려서 고조(高祖)에게 바치라고 하였다. 고조가 이를 보고서 말하였다.
"슬프다! (전횡에게 영웅 빈객들이 모여든 것도) 다 까닭이 있었구나. 포의의 선비로 봉기하여 3형제가 모두 번갈아 왕이 되었으니, 어찌 현명하다고 아니할 수 있겠는가?"-《사기》권94 〈전담열전〉
전횡이 섬에 들어가 고조에게 항거하다가 빈객들과 함께 자살한 이야기는 47쪽 〈전횡도〉의 주1에서 설명했다.

고소대

시든 풀에 석양 비치며 가을이 저물어
고소대 위의 사람을 서글프게 하네.
앞 수레 잘못을 뒷 수레 꼭 경계 못하니
고금에 몇 차례나 사슴들이 놀았던가.

姑蘇臺

衰草斜陽欲暮秋. 姑蘇臺上使人愁.
前車未必後車戒, 今古幾番麋鹿遊.

■
* 고소대는 강소성 오현(吳縣) 서쪽 고소산에 있는 누대이다. 춘추시대 월왕 구천(句踐)이 오왕 부차(夫差)에게 회계산에서 크게 패한 뒤, 쓸개를 씹으며 복수할 준비를 했다. 그러다가 저라산에서 얻은 미인 서시(西施)를 부차에게 바쳤다. 부차는 그의 미모에 빠져서 고소대를 크게 짓고, 날마다 유희에 빠져 정사를 돌보지 않았다. 결국 오나라는 월나라에 망하였다.

탕참에서 자며

반생의 호기가 아직도 다 없어지지 않아
말 타고 압록강 둑에 다시 노니네.
들판에 혼자 누워 잠도 오지 않는데
산에는 달빛 가득하고 두견새만 우네.

宿湯站

半生豪氣未全除. 跨馬重遊鴨綠堤.
獨臥野盤無夢寐, 滿山明月子規啼.

홍무 정사년에 일본에 사신으로 가서 짓다

3.
섬나라에 봄빛이 찾아오건만[1]
하늘끝 이 나그네는 떠나지 못하네.
풀빛은 천리 이어 푸르고
달빛은 두 곳에 함께 밝은데,
유세길에[2] 황금이 다 떨어져
고향 그리움에 흰머리만 생겨나네.
대장부가 사방에 큰 뜻을 품은 것은
공명을 이루기 위해서만은 아닐세.

■
* 홍무(洪武)는 명나라 태조의 연호인데, 1368년부터 1398년까지 31년 간이다. 포은이 우왕 3년(1377)에 일본에 사신으로 가서 11수 연작시를 지었다.
1. 포은이 1377년 9월에 일본에 사신으로 왔었는데, 이듬해 봄이 되도록 고국으로 돌아가지 못했다. 여름도 지난 7월에야 일본에 억류되었던 포로들을 데리고 고려로 돌아왔다.
2. 당시 왜구의 침입이 잦았다. 나흥유(羅興儒)가 패가대(覇家臺)에 사신으로 가서 화친을 교섭했지만, 오히려 감금까지 당했다가 겨우 목숨만 살아서 돌아왔다. 그래서 포은을 미워하던 조정의 권신들이 그를 위험한 일본에 사신으로 보냈다. 포은은 고금교린(古今交隣)의 이해를 들어서 패가대의 주장(主將)을 설복시키는 데에 성공하였다. 그들에게 후한 대우를 받으며 여러 곳을 유람하기까지 하였다.

洪武丁巳奉使日本作

水國春光動, 天涯客未行.
草連千里綠, 月共兩鄕明.
遊說黃金盡, 思歸白髮生.
男兒四方志, 不獨爲功名.

4.
평생 남으로 북으로 돌아다녀도
뜻 세웠던 일은 갈수록 어그러만 지네.
고국은 바다 건너 멀리에 있고
외로운 배만 하늘 한 끝에 매여 있구나.
매화 피는 창가라서 봄빛 이른데
판자집이라 빗소리 더욱 시끄럽네.
홀로 앉아 긴긴 날을 보내노라니
집생각 너무 심해 견딜 수 없네.

平生南與北, 心事轉蹉跎.
故國海西岸, 孤舟天一涯.
梅窓春色早, 板屋雨聲多.
獨坐消長日, 那堪苦憶家.

---

* 《동문선》이나 《대동시선》에는 〈여우(旅寓)〉라는 제목으로 실려 있다.
** 이 구절은 모두 훨훨 호탕하게 나는 듯하니, (마치 시를 지은) 그 사람 같다.-허균 〈성수시화〉16

8.
나그네로 오랫동안 멀리 노닐다가
바다 동쪽의 풍속을 다시 보게 되었네.
행인들은 신 벗어 어르신을 맞이하고
지사는 칼을 갈아 조상 대대의 원수를 갚네.
약초밭에는 깊은 눈 속에 새 싹이 돋아나고
매화 핀 마을에 달이 뜨니 그윽한 향기가 떠도네.
정말 아름답건만 우리 땅은 아니니
어느날에나 조각배 띄워 돌아갈거나.

客子年來已遠遊. 又尋風俗海東頭.
行人脫履邀尊長, 志士磨刀報世讐.
藥圃雪深新綠嫩, 梅村月上暗香浮.
自知信美非吾土, 何日言歸放葉舟.

관음사에서 놀다

들판 절간에 봄바람 불어 푸른 이끼가 자라는데
여기 와서 종일 노느라 돌아갈 줄 모르네.
동산 안에 수없는 매화나무들
이 모두 스님이 손수 심은 것들일세.

遊觀音寺

野寺春風長綠苔. 來遊終日不知回.
園中無數梅花樹, 盡是居僧手自栽.

다시 이 절에 놀다

시냇물이 바위를 감돌며 푸르게 흐르기에
막대 짚고 시냇물 따라 골짜기에 들어왔네.
옛절은 문 닫히고 스님도 보이지 않아
지는 꽃만 눈발같이 연못에 뒤덮였네.

再遊是寺

溪流遶石綠徘徊. 策杖沿溪入洞來.
古寺閉門僧不見, 落花如雪覆池臺.

권2

정주에서 중양절에 한상이 시를 지으라기에

정주라 중양절에 높은 곳에 올라와 보니
예전처럼 노란 국화가 환하게 피었네.
개펄은 남쪽으로 선덕진과 이어졌고
봉우리는 북쪽으로 여진성에 닿아 있으니,
백년 동안 싸움하던 이 나라의 흥망사가
만리길 정벌나온 사나이 마음을 감개스럽게 하네.
술자리 끝나 장군께서 부축받아 말에 오르니
얕은 산에 지는 해가 붉은 깃발을 비춰주네.

定州重九韓相命賦

定州重九登高處, 依舊黃花照眼明.
浦漵南連宣德鎭, 峰巒北倚女眞城.
百年戰國興亡事, 萬里征夫慷慨情.
酒罷元戎扶上馬, 淺山斜日照紅旌.

■
* 한상(韓相)은 한씨 성을 가진 재상인데, 공민왕 12년(1363)에 포은이 동북면 도지휘사(道指揮使) 한방신(韓邦信)의 종사관으로 여진족 토벌에 참가했을 때에 이 시를 지었다. 정주는 함경남도 정평군의 옛이름인데, 고려시대의 정주(定州)·예주(預州)·장주(長州)를 합하여 조선시대에 정평도호부를 설치했다가, 대한제국 시대부터 함경남도 정평군이 되었다. 고려 정종 10년(1044)에 압록강 위원진(威遠鎭)에서 정주 도련포(都連浦)까지 천리장성을 다 쌓았다.
** 정포은은 한갓 성리학 뿐만 아니라 절의(節義)로도 한 세상에 뛰어났으며, 그 문장도 호방하고 걸출하다. 그가 북관에 있으면서 (위의) 시를 지었는데, 음절이 질탕하여 성당(盛唐)의 풍격이 있다.-허균 <성수시화> 16

홍무 임술년에 이원수를 따라 동쪽을 정벌하다

이곳은 예전에 황무지였건만
선왕이 돌아와서 개척하셨네.
백성은 조밀하고 풍속은 달랐지만
땅이 비옥한데다 큰 인재들 태어났네.
길은 창해를 좇아 돌고
산은 말갈을 따라오는데,
짧은 옷으로 호랑이 쏘는 것 보느라
해가 늦었는데도 돌아갈 줄을 모르네.

洪武壬戌從李元帥東征

此域昔淪沒, 先王還拓開.
民稠雜殊俗, 地勝產雄材.
路逐滄溟轉, 山從靺鞨來.
短衣看射虎, 歲晚不知回.

------
* 홍무 임술년은 1382년인데, 이성계가 이 해에 동북면 도지휘사가 되었다.

단주성

오랜 나그네 생활에 내 길이 한스럽지만
해를 거듭하며 아직도 쉬지 못하네.
봄바람 불 때에는 요동 왼쪽 길로 갔다가
가을비를 바다 동쪽 가에서 맞았네.
안장에 오른 몸이 멀리도 왔는데
산하에는 천고의 시름 뿐일세.
금원의 호협굴도
오늘은 한낱 황폐한 언덕일세.

端州城

久客嗟吾道, 經年尙未休.
春風遼左路, 秋雨海東頭.
鞍馬一身遠, 山河千古愁.
金源豪俠窟, 今日但荒丘.

한가위

한가윗날 그 옛날에도 함주 나그네 되었었지.
손 꼽아보니 이제 벌써 이십년이나 지났네.
흰 머리로 다시 찾아와 밝은 달을 대하니
남은 생애에 몇 번이나 둥근 달을 보려나.

中秋

中秋昔作咸州客, 屈指今經二十年.
白首重來對明月, 餘生看得幾回圓.

여진의 지도

돌살촉을 명당에 바쳤다고 일찍이 들었는데
숙신씨의 남은 백성이 이곳에 살고 있네.
눈속에 선 백산은 남으로 멀리 달리고
하늘에 닿은 흑수는 북으로 길게 흐르네.
완안부의 큰 도량이 요와 송을 삼키고
대정(大定)의¹ 풍성한 공이 한과 당을 핍박했네.
지도에 마주앉아 다시금 탄식하니
옛부터 호걸은 궁한 곳에서 일어났다네.

女眞地圖

曾聞砮矢貢明堂, 肅愼遺民此一方.
雪立白山南走遠, 天連黑水北流長.
完顔偉量吞遼宋, 大定豐功逼漢唐.
坐對地圖還嘆息, 古來豪傑起窮荒.

---

1. 대정(大定)은 남송(南宋)과 서요(西遼)를 약화시킨 금나라 세종(世宗)의 연호인데, 1161년부터 1190년까지 30년간이다.

삼산

항복한 포로 장막이 이제 천이나 되니
변방의 호구도 많이 늘었구나.
아이들도 말 달릴 줄 알고
아낙네들도 매 부릴 줄 아네.
활과 화살도 가을이라 한창인데다
논두렁에까지 풍년 들었네.
이 무리들은 우리들과 같지 않으니
그 누가 진압하고 또 복종시키랴.

三山

降虜今千帳, 邊城戶口增.
兒童解走馬, 婦女亦呼鷹.
弓矢秋方壯, 田疇歲又登.
此曹非我類, 鎭服且誰能.

을축년 구월에 중국 사신 학록 장부와 전부 주탁을 모시고 서경 영명루에 올라 판상의 시에 차운하다

사신으로 동쪽에 와 맑게 유람하였으니
모두들 당대의 제일류일세.
옥절 들고 저 멀리 요동 바다 지나와
패강 머리에서 노란 국화를 처음 보았네.
인생에 술 있으니 취하길 사양 마시게
나그네길에 산을 대했으니 쉬어도 좋으리라.
만국이 이제는 모두 하나 되었으니
다락에 올라 한가한 시름 짓지 마시게.

乙丑九月陪天使張學錄溥周典簿倬登西京永明樓次板上韻

使臣東下作淸遊, 俱是當今第一流.
玉節遠過遼海上, 黃花初見浿江頭.
人生有酒莫辭醉, 客裏對山聊可休.
萬國卽今歸混一, 登臨不用起閑愁.

---

* 을축년은 우왕 11년인 1385년인데, 명나라 태조가 책봉사를 보내 우왕을 책봉하고, 전왕에게 공민(恭愍)이란 시호를 내렸다.
** 영명루의 원래 이름은 부벽루인데, 부근에 영명사가 있어서 영명루라고도 불렸다.

명나라로 돌아가는 전부 주탁을 배웅하다

명나라의 문명 교화가 동해까지 덕을 끼쳐[1]
제후국들이 해마다 황제 궁정에 조공하네.
천자께서 새 은총을 멀리까지 베푸시고
사신들도 잇달아 와서 옛 도경을[2] 이어주네.[3]
계림에는 나뭇잎도 마음 한가지로 붉더니
용수산엔[4] 산빛도 눈과 함께 푸르구나.[5]
온 천하가[6] 이제는 한 덩어리 되었으니
헤어진다고 눈물 자주 흘릴 필요 없다오.

■
* 《동문선》이나 《대동시선》에는 장부(張溥)에게 지어주는 시로 되어 있다.
1. 임금의 성교(聲敎)가 사해에까지 미친다.-《서경》〈우공(禹貢)〉
2. 송나라 사신 서긍(徐兢)이 인종 1년(1123) 6월에 사절단으로 고려에 왔다가 개성에서 한 달 남짓 머물면서 보고 들은 것을 글과 그림으로 설명한 책이다. 원래 이름은 《선화봉사고려도경(宣和奉使高麗圖經)》인데, 이 해가 송나라 연호로 선화 5년이었기 때문이다. 그는 이듬해에 40권으로 된 이 책을 지어 바쳤는데, 그림이 있는 정본은 없어지고 글만 남아 있다. 중국사람의 눈에 비친 당시 고려의 모습이 잘 그려져 있는데, 사회상 뿐만 아니라 중세 국어를 연구하는 데에도 좋은 자료가 된다.
3. 송나라에서 사신으로 왔던 서긍(徐兢)이 《고려도경(高麗圖經)》을 지었다. 명나라 사신들도 그러한 활동을 계속 한다는 것은, 고려에 대하여 문화적인 배려를 계속한다는 뜻이다.
4. 용수산은 (해주)고을 북쪽 2리에 있는 진산(鎭山)이다.-《신증 동국여지승람》 제43권 〈해주목〉산천조

送周典簿倬還朝

大明聲敎曁東溟. 藩國年年貢帝庭.
天子遠頒新寵典, 使臣來續舊圖經.
鷄林樹葉心同赤, 龍首山光眼共靑.
夷夏卽今歸混一, 臨分不用涕頻零.

5. 진(晉)나라 때에 죽림칠현 가운데 한 사람이었던 완적이 상을 당하였는데, 혜희가 찾아와 문상하자 흰 눈으로 쳐다보았다. 그러나 그의 아우인 혜강이 술과 거문고를 가지고 찾아오자 푸른 눈으로 맞아들였다. 흰 눈자위를 드러내는 백안시와는 반대로, 반갑게 맞아들인 것이다.
6. 원문의 이하(夷夏)는 오랑캐 땅과 중화, 즉 온 세계를 가리킨다. 《동문선》이나 《대동시선》에는 화하(華夏)로 되어 있는데, 이하(夷夏)로 해야 뜻이 자연스럽다. 화하(華夏)는 둘 다 중국을 가리킨다.

상주에서 김상국에게 지어 드리다

빗속에 나를 붙잡고 술잔 가득 따르니
반나절 즐거운 이야기가 백냥 값어치 되겠네.
중국에 사신 가자고 천리마가 재촉하니
석양의 방초가 사람 마음을 아프게 하네.

贈尙州金相國

雨中留我酒盃深. 半日高談直百金.
只爲朝天促歸驥, 夕陽芳草惱人心.

■
* (상국의 이름은) 선치(先致)이다. (원주)

상주에서 서목사에게 지어 드리다

나그네 길에서 이 마음을 누가 말할 수 있으랴
이별의 노래가 자꾸 끊어져 소리가 나오질 않네.
상산의[1] 태수께서 술 한 잔 따르시니
그 뜻이 낙동강[2] 물보다 더욱 깊구나.

贈尙州徐牧使

客路誰堪話此心. 離歌淒斷不成音.
商山太守一杯酒, 意與洛東江水深.

---

1. 상산(商山)은 상주의 옛이름이다.
2. 이중환이 지은 《택리지(擇里志)》〈팔도총론〉 "낙동강"조에서 "낙동(洛東)이란 말은 상주의 동쪽이란 뜻이다"라고 하였다. 상주 땅에 신라 법흥왕 11년(524) 상주(上州)가 설치되었다가, 진흥왕 18년(557) 상락군(上洛郡)이 되었다. 상주 동쪽이란 말은 상락군 동쪽이란 뜻이기도 하므로, 낙동강은 "상주 동쪽을 지나가는 강"이라는 뜻이 된다. 낙동강 줄기가 상주군 낙동면 낙동리에서 처음 넓어진다.

헌납 이첨이 감사로 가서 김해 연자루 앞에 매화를 심었다기에 시를 지어 부치다

연자루 앞에 제비새끼들 돌아왔건만
그대는 한번 떠난 뒤 다시는 오지 않네.
당시에 손수 심은 매화나무가
봄바람에 그 몇번이나 꽃을 피웠던가.

寄李獻納詹按行時金海燕子樓前手種梅花故云

燕子樓前燕子回. 郞君一去不重來.
當時手種梅花樹, 爲問春風幾度開.

∎
* 헌납은 문하부(門下府)의 정5품 벼슬이다.
** 연자루는 호계(虎溪) 위에 있다.-《신증 동국여지승람》 권32 〈김해도호부〉누정조
  이 책에 포은이 연자루에 지은 시가 3수 실려 있는데, 춘풍(春風)이 동풍(東風)으로 되어 있다.

나주 판관으로 부임하는 동년 이양을 배웅하면서

천리 남쪽 고을에 한 벼슬을 얻어
가을바람 지는 해가 말안장을 비추네.
거문고 타던 누각에 아직도 노래가 남았으니
돌아오겠단 노래 부르지 마오, 갈 길도 어려운데.[1]

送同年李陽赴羅判

千里南州得一官. 秋風落日照征鞍.
彈琴閣上有餘樂, 歸去莫歌行路難.

∎
* 나주목 관원으로는 목사(정3품)·판관(종5품)·교수(종6품)가 1명씩 있었다.
1. "귀거(歸去)"는 도연명이 지은 〈귀거래사(歸去來辭)〉이고, 〈행로난(行路難)〉은 악부(樂府)의 노래 이름이다.

강안렴사에게 지어 주다

옛날에 우리 함께 죽령에[1] 올랐었지.
큰 소리로 노래 부르자 구름 사이에 울려퍼졌지.
지금도 밤마다 그대 그리워 꿈 꾸면
천릿길 칠점산까지[2] 찾아간다네.

寄姜廉使

憶昔同登竹嶺關. 高歌一曲動雲間.
至今夜夜相思夢, 千里相尋七點山.

■
1. 봄 3월에 죽령(竹嶺) (고갯길)을 열었다.-《삼국사기》 권2, 신라본기2, 아달라 이사금 5년조.
   죽죽(竹竹)이 처음 고갯길을 개척하여 죽령(竹嶺)이란 이름을 얻었다. 158년에 이 길이 시작되었으니, 경상도에서 서울로 올라가는 길 가운데 계립령과 함께 가장 오래된 길이다. 남쪽은 경상북도 영주시 풍기읍이고, 5번 국도를 따라 넘어가면 북쪽은 충청북도 단양군이다. 예전에는 죽지랑을 모신 사당이 있었는데, 지금은 희방사 들머리에 〈모죽지랑가(慕竹旨郎歌)〉 시비(詩碑)가 서 있다. 중앙고속도로가 터널을 통하여 죽령(689m)을 넘어간다.
2. 칠점산은 (양산) 고을 남쪽 44리 되는 바닷가에 있다. 일곱 봉우리가 점과 같이 늘어섰기 때문에 이렇게 이름지었다. 세상에 전하기를 "가락국 시절에 참시선인(旵始仙人)이 놀던 곳이다"고 한다.-《신증 동국여지승람》 제22권 〈양산군〉 산천(山川)조.

익양의 김규정에게

남쪽 나라의 전쟁이 아직도 끝나지 않아
칠년 동안 고향에 놀러 가지를 못했네.
풍류 어사의 애가 끊어지는 곳이
해 지는 강산의 명원루겠지.[1]

寄益陽金糾正

南國干戈尙未休. 七年不到故園遊.
風流御史斷腸處, 落日江山明遠樓.

■
* 익양은 포은의 고향인 영천의 옛이름이다.
** 관리들의 부정을 감찰하는 기관을 고려시대에는 어사대(御史臺), 또는 사헌부(司憲府)라고 하였다. 규정(糾正)은 이곳에서 일하는 관원을 가리킨다.
1. 명원루는 객사 남쪽에 있는데, 삼면이 모두 넓다. 아래에는 큰 시냇물이 남쪽으로 흐른다.-《신증 동국여지승람》제22권 〈영천군〉 누정(樓亭)조.
   이 설명 뒤에 정몽주·최원우·이용의 시가 실려 있다. 군수 신윤종이 중수한 뒤에 서거정이 지은 기(記)도 실려 있다.

안동 서기로 부임하는 이수재를 배웅하다

1.
선왕께서 그 옛날 남쪽으로 순행하셨지.
행궁을 더럽히며 시종신이 되었었네.
지난해 영호루 아래를 지나다가
임금 글 우러러보며 수건을 적셨네.

送李秀才就赴安東書記 五絶

先王昔日忽南巡, 也忝行宮侍從臣.
去歲映湖樓下過, 仰瞻宸翰涕沾巾.

∎
* 영호루는 고을 남쪽 5리에 있다. 공민왕이 (홍건적의 난을 피하여) 남쪽으로 거둥하여 복주(福州)에 이르렀을 때에, 영호루에 나아가 배를 타고 유람하며 물가에서 활을 쏘았다. 안렴사가 임금께 음식을 대접하였는데, 구경하는 자들이 담처럼 둘러섰다. (줄임)
  싸움에 이겨 도읍을 수복하게 되자, 드디어 이 고을을 승격시켜 대도호부(大都護府)로 하고, 조세를 감면하였다. 하루는 고을의 영호루에 거둥하여, 기쁜 마음을 시원스레 펴기도 했다. 서울(개성)에 돌아간 뒤에도 멀리 생각하는 마음이 그치지 않았다. 그래서 한가한 날에 친히 붓과 벼루를 잡고 영호루에 현판으로 쓸 큰 글씨 석 자를 써서 하사하여, 그 누각에 걸게 하였다. 영호루(映湖樓)는 (글자 그대로) 호수를 굽어보고 있어서 기둥과 서까래, 대마루와 들보가 물속에 거꾸로 비쳐 그림자가 능란하다.-《신증 동국여지승람》 권24 〈안동대도호부〉 누정조
  포은이 말한 선왕은 공민왕인데, 공민왕이 1366년에 "영호루(映湖樓)"라는 편액을 써 주었다. 공민왕이 거둥했던 영호루 건물은 1547년 큰물에 떠내려가, 1552년에 부사 안한준이 중창하였다.

3.
우리 옛날 홍국사에서 글을 읽었지.
밤마다 때때로 푸른 산을 꿈 꾼다네.
옛 친구 가운데 가장 그리운 이는 방장의[1] 늙은이
날 위해 한가한 틈 타서 한번 찾아와 주게나.

昔日讀書興國寺. 時時夜夢到靑山.
舊交最憶堂頭老, 爲我乘閑一往還.

---

1. 절간의 방장(方丈) 거실(居室)을 당두(堂頭)라고 불렀다.

둔촌의 시에 차운하여 동창에게 지어 드리다

어제 총각이 이제는 두 늙은이 되어
지팡이 짚고 서로 따르며 산속을 그리워하네.
가까운 이웃에 집 짓고 사는게 참으로 하늘 뜻이니
오가기를 어찌 사양하랴 함께 시를 읊세나.

次遁村韻呈四君子

昨日丱童成兩翁. 相從扶策憶山中.
卜隣咫尺眞天賦, 來往何辭嘯咏同.

■
* 이 시는 동창(東窓)에게 주는 시이다. (원주)
  제목에 "네 군자에게 드린다[呈四君子]"라고 했는데, 네 군자는 동창(東窓)·도은(陶隱)·약재(若齋)·둔촌(遁村)이다.
** 둔촌은 이집(李集 1327-1387)의 호이다. 그가 살던 둔촌이 바로 지금의 서울특별시 강동구 둔촌동이다.

계묘년 오월 초이튿날 비가 내려 홀로 앉았는데 이둔촌이 마침 오다

문 닫고 고즈넉이 앉아 잠들자
가랑비 내려 동산 숲을 적셨네.
청춘의 꿈이라도 꾸려 했더니
황조의[1] 소리가 갑자기 들리네.
무꽃은 열매 맺고
복사잎 오얏잎은 그늘지는데,
마침 서쪽 이웃이 찾아와
시 짓는 나에게 친구가 되어주네.

癸卯五月初二日有雨獨坐李遁村適來

閉門聊坐睡, 微雨灑園林.
欲作靑春夢, 忽聞黃鳥音.
蕪菁花結子, 桃李葉成陰.
時有西隣客, 相尋伴我吟.

---

* 계묘년은 공민왕 12년(1363)이다.
1. 황조(黃鳥)는 꾀꼬리새인데, 청춘(靑春)과 대를 이루었기에 그대로 번역하였다.

또 둔촌 시에 차운하다

2.
사람이 새보다 못하니
어느날에야 숲속에 들까.
미혹하는 학문이 내 길을 방해하고
새로운 소리가 아음(雅音)을 어지럽히네.
붉은 마음은 사직에 돌리고
흰 머리로 광음을 보며,
벽 위에 청사검[1] 걸고
밤마다 시를 읊네.

又次遁村韻

人而不如鳥, 何日去投林.
幻學妨吾道, 新聲亂雅音.
丹心歸社稷, 白髮閱光陰.
壁上靑蛇劒, 猶能夜夜吟.

---

1. 구문(龜文)·용조(龍藻)·백홍(白虹)·청사(靑蛇)·누루(履䖡)·보광(步光)은 모두 칼 이름이다.-《만화곡(萬花谷)》

둔촌의 시권에 쓰다

기자는 명이로써
만세의 임금을 훈계하고,[1]
중이는 일찍 험난했지만
제후들이 진나라를 조종삼았네.[2]
이제야 알겠구나. 옛사람들은
곤경에 처해서도 이익이 되었다는 것을.
선생은 예전에 원수를 피하다가
기구하게도 황무지로 귀양가셨지.
보는 사람들은 애태웠지만
오직 선생만은 자득한 듯,
꺾일수록 오히려 기운을 얻어
사나운 불꽃이 훌륭한 옥을 알아보았네.[3]
하늘이 간사한 무리들로 하여금
하루 아침에 종적을 감추게 하자,
이제는 둔촌에 찾아와
한가롭게 거닐며 솔과 대를 어루만지시네.

∎
* 신본(新本) 분주(分注)에 국(菊)자를 죽(竹)자로도 썼기에 교정한다. (원주)
1. 이간정(利艱貞)은 그 밝음을 감추는 것이다. 안이 어려운데도 그 뜻을 바르게 할 수 있으니, 기자(箕子)가 그렇게 하였다.-《주역》 〈지화명이(地火明夷)〉
  (명이의) 괘 모양은 곤(坤)이 위에 있고 리(離)가 아래에 있어, 밝은 것이 땅 속으로 들어갔다. 진괘(晉卦)를 반대로 하면 명이괘(明夷卦)가 되기 때문에, 뜻이 진괘와 서로 정반대가 된다. '진괘'는 밝음이 성대한 괘니, 밝은 임금이 위에 있어 여러 어진이들이 함께 나아가는 때이다. '명이괘'는 혼미하고 어두운 괘니, 어두운 임금이 위에 있어 어진이들이 상하게 되는 때이다. 해가

遁村卷子詩

箕子以明夷, 萬世訓皇極.
重耳嘗險阻, 諸侯宗晉國.
乃知古之人, 處困斯有益.
先生昔避仇, 崎嶇竄荊棘.
觀者爲酸辛, 惟子若自得.
愈挫氣愈厲, 烈火知良玉.
天敎群邪輩, 一朝斂蹤迹.
却來尋遁村, 盤桓撫松菊.

    땅 속에 들어가서 밝은 것이 상해 어둡기 때문에 '명이괘'가 된 것이다.-《주역》〈지화명이(地火明夷)〉전(傳)
    명이(明夷)는 《주역》의 64괘 가운데 36번째 괘이다.
2. 진(晉)나라 문공(文公)은 희중이(姬重耳)인데, 헌공의 아들이다. 어릴 때부터 선비를 좋아하여, 나이 17세에 이미 현사(賢士) 다섯 명을 곁에 둘 정도였다. (줄임) 천자가 왕자호(王子虎)를 보내어 진후(晉侯)를 백(伯), 즉 제후국의 맹주(盟主) 또는 패주(覇主)로 선포하고, (줄임) 왕이 말했다.
    "의화 숙부여! 크게 빛나는 문왕과 무왕의 덕이 삼가 하늘 위에까지 알려지고, 아래로 백성들에게 널리 퍼졌소. 그리하여 천제께서 천명을 문왕과 무왕에게 내렸소. 과인을 돌보아주시오. 그대가 공을 세우면 과인은 길이 왕위에 편안히 앉을 수 있소."
    그래서 진나라 문공이 패자로 칭해졌다. (줄임)
    태사공(太史公)은 말한다. 진나라 문공은 옛사람들이 말하던 영명한 군주였다.-《사기》권39 〈진세가(晉世家)〉
    춘추시대에 제후들의 맹주가 되어 패업을 이룬 제후가 다섯 명 있었는데, 진나라 문공이 그 가운데 한 사람이었다.
3. 사나운 불이 옥을 구별하고, 빠른 바람이 풀을 알아본다[烈火辨玉, 疾風知草].-《해록쇄사(海錄碎事)》〈지절(志節)〉

의주병마사 김지탁에게 부치다

압록강 봄물이 이끼보다 더 푸른데
사람 없는 강가에 물 먹이려 말 몰았네.
막부에 지금까지 친구가 있기에
웃고 이야기하며 또 즐겨 거니네.

寄義州金兵馬使之鐸

鴨江春水綠於苔. 江上無人飮馬來.
幕府如今有知己, 好將談笑且徘徊.

호연스님의 두루마리에 쓰다

황천이 사람을 만드실 제
그 기운을 크고도 굳세게 했건만,
사람들이 스스로 살피지 못하고
평범한 것으로만 여기고 마네.
이를 기르는 데에도 참으로 도가 있으니
호연지기를 그 누가 감당하랴.[1]
맹자의 가르침을 삼가 받들어
조장하지도 말고 잊지도 말진저.[2]
천고에 이 마음이 같아
솔개와 물고기가 묘하게 날고 뛰네.
이 말을 아는 이가 적기에
그대 위해서 이 글을 써 주네.

■
1. 원문의 "호연(浩然)"은 맹자가 말한 호연지기(浩然之氣)이면서, 포은이 이 시를 지어 주는 호연의 이름(또는 호)을 가리키기도 한다.
2. 이런 호연지기를 기르기에 힘써야 하지만, 그것만 학수고대하지 말고, 그렇다고 마음에 잊어서도 안되며, 무리하게 조장해서도 안된다. 송나라 사람이 했던 것처럼 하지 말아라. 어떤 송나라 사람이 '싹이 자라지 않는다'고 안타까워한 나머지, 갑자기 크게 하려고 뽑아 주었다. 그리고는 매우 지친 몸으로 집에 돌아와 식구들에게 '오늘은 피곤하구나. 싹이 자라도록 내가 도와주었기 때문이다'고 말하였다. 그의 아들이 달려가서 보았더니, 싹은 모두 말라 있었다. 천하에 싹이 자라도록 도와주지 않는 자는 적다. 도와주는 일이 무익하다고 여겨 내버려 두는 자는 김도 매지 않으며, 또 빨리 자라도록 도와준다고 하는 자는 싹을 뽑아낸다. 이런 짓은 무익할 뿐만 아니라, 도리어 해치는 행위이다.-《맹자》권3 〈공손추〉상

浩然卷子

皇天降生民，厥氣大且剛.
夫人自不察，乃寓於尋常.
養之固有道，浩然誰敢當.
恭承孟氏訓，勿助與勿忘.
千古同此心，鳶魚妙洋洋.
斯言知者少，爲子著此章.

국간의 시권에

사는 곳이 성읍에 가깝지만
마음이 멀어지자 세속 티끌을 끊었네.
꽃 가운데도 오직 국화만 사랑해
그윽한 시냇가에 심었네.
환하게 피자 한 해가 저무는데
손으로 땄더니 맑은 향내 새롭구나.
자연과 사람이 묘하게 합치하여
이 가운데 스스로 천진을 즐겼네.
울타리 동쪽에는 진나라 도연명
못가에는 초나라 굴원이 있어,
천년을 누가 함께 하랴
지금 이 사람을 보네.

菊磵卷子

卜居近城市, 心遠絕世塵.
愛花獨愛菊, 種之幽磵濱.
粲爛歲將暮, 手擷淸香新.
物我自妙合, 於焉樂天眞.
籬東晉淵明, 澤畔楚靈均.
千載誰同調, 于今見斯人.

■
* (국간은) 제학(提學) 박진록(朴晉祿)이다. (원주)

백정스님의 시권에 쓰다

삼봉이 남을 좀처럼 칭찬 않더니
밝게 보는 눈이 있어 참과 거짓을 분별하였네.
스님 위해서 이처럼 정성껏 받들었으니[1]
백정스님이 헛되이 이름만 날린 사람은 아니시겠지.

題栢庭詩卷

三峰於人少許可. 有眼分明辨眞假.
爲師拳拳乃如斯, 栢庭必非虛走者.

---

1. 삼봉은 정도전의 호인데, 그의 문집인 《삼봉집》에 백정스님에게 지어준 시가 많이 실려 있다. 특히 〈증백정유방(贈栢庭遊方)〉에는 포은이 지은 이 시가 편집자 주(註)로 덧붙어 있다.

이정언에게 부치다

봄바람 부니 이장사가[1] 몹시도 그리워서
남루에 옮겨 기대서니 저녁해가 저무네.
임금 은혜 받을 날이[2] 멀지 않으리니
석탄에[3] 뜬 밝은 달을 모름지기 자랑 마시게.

寄李正言

春風苦憶李長沙. 徙倚南樓日欲斜.
宣室承恩應未遠, 石灘明月不須誇.

∎
* 《대동시선》에 이정언의 이름이 이존오(李存吾 1341-1371)라고 밝혀져 있다. 정언은 고려시대 중서문하성의 낭사(郞舍) 벼슬인데, 조선시대에는 사간원의 정6품 벼슬이었다.
1. 이존오가 1366년에 우정언(右正言)이 되어 신돈의 횡포를 탄핵하다가 왕에게 노여움을 샀는데, 이색 등이 변호하여 장사감무(長沙監務)로 좌천되었다. 장사는 지금의 전라북도 고창이다. 한나라 문장가 가의(賈誼)가 장사왕(長沙王)의 태부(太傅)로 좌천되었던 고사가 있어, 이존오를 그에게 견준 것이다.
2. 원문의 선실(宣室)은 한나라 미앙전전(未央前殿)의 정실(正室)인데, 한나라 무제(武帝)가 장사로 좌천되었던 가의(賈誼)를 불러다가 선실에서 만나보았다. 이 시에서는 이존오가 곧 임금의 은혜를 입어 왕궁으로 불려갈 것이라는 뜻으로 썼다.
3. 석탄은 (부여)현 동쪽 12리에 있는데, 백마강의 상류이다. -《신증 동국여지승람》 권18 〈부여현〉
   이존오는 벼슬에서 물러난 뒤에 석탄에서 은둔하다가 세상을 마쳤는데, 호를 석탄이라고 하였다.

삼봉에게 부치다

정생이 동쪽으로 떠난 길은 아득키만 하네.
철령이 높아 피리 소리에 가을이 들었네.
군막에 들어온 빈객 가운데 그 누가 으뜸이던가
달 밝은 밤 유공루에[1] 기대어 선 사람이라네.

寄三峰

鄭生東去路悠悠. 鐵嶺關高畫角秋.
入幕賓中誰第一, 月明人倚庾公樓.

---

1. 강서성 구강현에 있는 누정인데, 진(晉)나라 때에 명목황후의 오라버니인 유량(庾亮)이 강주(江州)에 주둔할 때에 세웠다고 한다. 그래서 유루(庾樓), 또는 유공루(庾公樓)라고도 한다. 어느 가을날 밤에 유량이 이 루에 오르자 여러 장군들이 일어나 피하였다. 그러자 유량이 "그대들은 잠시 앉아 있으라. 이 늙은이도 오늘밤 몹시 흥겹다" 하면서 함께 의자에 앉아서 이야기를 나누고 시를 읊었다. 이 시에서 유공루에 기대어 선 사람은 물론 삼봉 정도전을 가리킨다.

영주의 옛친구에게

이슬이 차가우니 어느새 가을 저녁일세.
구름이 날아가니 고향 언덕이 그립네.
고기는 살지고 향그런 벼도 익어갈 테지.
새들은 푸른 숲에서 자고 있을 테지.

永州故友

露冷驚秋夕, 雲飛戀故丘.
魚肥香稻熟, 鳥宿翠林稠.

김소년에게 지어 주다

늘그막에 책 읽으려니 후회스럽기만 해
책 덮고 나도 모르게 아득해지네.
김생은 지금 나이 한창 젊으니
창 앞에 앉아 책 읽으며 더욱 채찍질하게.

贈金少年

晚歲讀書徒自悔. 令人掩卷卽茫然.
金生此日年方少, 好向窓前更着鞭.

■
 * (김소년의 이름은) 자지(自知)이다. (원주)

벗을 보내며

내 한가한 사람이 되고부터
문을 걸어 잠그고 손님도 맞지 않았는데,
오늘 아침 그대가 먼 길 떠난단 말 듣고
도성문 밖까지 나와 그대를 보내네.[1]
세상 살면서 보내고 맞는 일이 어찌 한두번이랴만
오늘 그대 보내면서 왜 이다지 마음 아픈지,
잔에는 술 가득하고 눈물은 시냇물 같은데
봄바람 십리길에 버들개지만 하얗게 날리네.

送人

我自得閑爲散人. 杜門不應經過客.
今朝忽聞拂征鞍, 西出都門開祖席.
世上送迎知幾何, 送君今日尤堪惜.
酒滿金樽淚似川, 春風十里楊花白.

---

1. 옛날에는 길을 떠나면서 도신(道神), 또는 노신(路神)에게 제사를 지냈는데, 이때 지내는 제사를 조(祖)라고 하였다. 제사를 마치면 배웅나온 사람들과 함께 음식을 나눠 먹었으므로, 나중에는 송별잔치를 조(祖)라고도 하였다.

목은선생의 시에 차운하여 일본에서 온 무상인에게 지어 주다

삼한 땅에 불교가 이렇게 유행하니
무엇하러 왕사성을¹ 다시 구하랴.
만리의 구름 자취를 맡길 곳이 없건만
오대산 산빛이 멀리서 마중오네.
봄 깊어 골짜기 새는 같은 소리로 응답하고
밤 고요해지자 솔바람이 꿈에 맑게 찾아드네.
부러울 게 없는 스님이 법계에 참예하니
붓끝이 응당 시를 지어 울리네.

次牧隱先生詩韻贈日東茂上人

三韓佛敎正流行. 何用更求王舍城.
萬里雲蹤無所托, 五臺山色遠來迎.
春深谷鳥同聲應, 夜靜松風入夢淸.
不羨上人叅法界, 筆端應得以詩鳴.

---

* 이때 일본 스님 영무(永茂)가 오대산에 놀러 가려 하였다. (원주)
1. 성읍을 세우고, 왕이 먼저 이곳에 살았다. 그래서 왕사성(王舍城)이라고 하였다.-《서역기(西域記)》
   중인도(中印度) 마가타국(摩伽陀國)에 있는 성인데, 빈바사라왕(頻婆娑羅王)이 이곳으로 도읍을 옮겼다. 범어로는 갈라도길리허성(曷羅闍姞利呬城)이다. 왕사성을 에워싼 산이 다섯 있는데, 그 가운데 첫째가 바로 석가가 《법화경》을 설법한 영취산(靈鷲山)이다.

암방에 있는 일본 스님 영무에게 지어 주다

한 간 암자가 층암 절벽을 타고 앉았는데
그 가운데 높은 스님이 잠자코 앉아 있네.
산 아래 모든 집들은 꽃이 바다를 이뤘는데
스님 몸은 참으로 도솔천에 계시네.

贈嵒房日本僧永茂

一間蘭若壓層巓. 中有高僧坐默然.
山下萬家花似海, 眞成身在率陀天.

일본 스님 홍장로에게 지어 주다

백운이 무슨 일로 청산에서 나왔나.
오래 동안 가물었던 창생을 위해서라네.
지팡이 짚고 오가는 뜻이 있으니
사람들아! 아무렇게나 보지 마시게.

贈日本洪長老

白雲何事出靑山. 只爲蒼生久旱乾.
一杖往來應有意, 傍人莫作等閑看.

* 이때 홍스님이 우리나라에서 (일본에) 포로로 잡혀갔던 사람들을 이끌고 왔다. (원주)

백운헌에게 지어 주다

구름은 산에서 나와
사물과 마음을 적셔 주건만,
스님은 산에서 나와
부질없이 달리며 광음을 허비하네.

贈白雲軒

雲從山中出, 爲有澤物心.
師從山中來, 浪走費光陰.

무변스님에게 지어 주다

삼천 대천 세계[1] 밖에
또 얼마나 대천세계가 있나.
한 마디로 다 말하노니
이름하여 무변(無邊)이라네.

贈無邊僧

大千世界外, 又有幾大千.
一句卽便了, 故名曰無邊.

---

1. 대천세계는 삼천세계의 셋째이다.

빙산 주지에게 부치다

가을산 기세가 몇천 층이나 되는데
누가 산속에서 푸른 눈¹ 스님과 함께 하나.
하루 종일 상방에는 아무런 일도 없어
사미가 이따금 전등(傳燈)을² 묻네.

寄冰山住持

秋山氣勢幾千層. 孰與山中碧眼僧.
盡日上房無一事, 沙彌時復問傳燈.

■
1. 서역에서 온 호승(胡僧)의 눈인데, 스님의 눈을 가리킨다.
2. 선현(善現)이 사리자(舍利子)에게 불제자(佛弟子)들의 설법이 모두 부처의 신통한 힘을 지닌 이유를 묻자, 사리자가 등불을 들어서 비유하였다. 불법은 중생의 어둠을 깨뜨리는 힘이 있으므로 등불과 같으니, 남에게 불법을 전하는 것은 등불을 전하는 것과 같다고 설명하였다.

일본에 가는 자휴상인을 배웅하다

스스로 쉰다지만 어느날에야 쉬려나.
또 해 뜨는 곳 향해 동쪽 섬으로 가네.
몸은 스스로 인연 따라 가지만
마음은 응당 그곳에서 구해야지.
석장을 날려서[1] 구름 너머 젖고
술잔을 띄워[2] 바다를 떠 가네.
부끄럽구나! 나는 먼 여행 마치고 돌아와[3]
부질없이 흰 머리로 늙어만 가다니.

■
1. 신통한 스님이 있었는데, 석장(錫杖)을 날려서 구름 너머 다녔다.-《고승전》 왕교(王喬)는 학을 잡아타고 하늘에 올랐으며, 응진(應眞)은 석장을 날려 하늘에 올랐다.-《문선(文選)》 손작(孫綽) 〈유천태산부(遊天台山賦)〉
   〈유천태산부〉 주에 "석장을 날렸다[飛錫]"는 말은 "석장을 잡고 허공에 다녔으므로 날았다[飛]고 한 것이다"라고 하였다. 스님들이 노니는 것을 비석(飛錫)이라고 하였다.
2. 이름을 알 수 없는 진(晉)나라 스님이 늘 나무잔을 띄워 물을 건넜다. 그래서 사람들이 그를 배도화상(杯渡和尙)이라고 불렀다. 이 시에서는 스님이 배를 타고 떠난다는 뜻이기도 하고, 술잔을 물에 띄우고 풍류를 즐기며 배웅한다는 뜻이기도 하다.
3. 포은이 우왕 3년(1377)에 일본에 사신으로 다녀왔다.

送自休上人遊日本

自休何日休, 又向日東州.
身自隨緣去, 心從當處求.
錫飛雲外濕, 杯渡海中浮.
愧我遠遊罷, 歸來空白頭.

스님에게 지어 주다

솔바람과 강가의 달이 충허(冲虛)에 닿았으니
바로 산속 스님이 삼매에 드는 때일세.
가소롭구나! 어지럽게 도를 배우는 자들이
성색(聲色) 밖에서 진여(眞如)를[1] 찾다니.

贈僧

松風江月接冲虛. 正是山僧入定初.
可咲紛紛學道者, 色聲之外覓眞如.

---

1. 진(眞)은 진실이고, 여(如)는 여상(如常)이다. 제법(諸法)의 체성(體性)이 허망을 여의고 진실하기 때문에 진(眞)이라 하고, 상주(常住)하여 불변(不變) 불개(不改)하기 때문에 여(如)라고 한다. 실체(實體)와 실성(實性)이 영원히 변하지 않음을 뜻하는 말이다.

첨성대

월성 안에 첨성대가 우뚝 솟아
옥피리 소리에 만고 바람이 이네.
문물은 때를 따라 신라시대와 달라졌지만
아아! 산과 물은 예와 이제가 같구나.

瞻星臺

瞻星臺兀月城中. 玉笛聲含萬古風.
文物隨時羅代異, 嗚呼山水古今同.

중양절에 익양태수 이용이 세운 명원루를 두고 짓다

맑은 시내와 바위벽이 마을 안고 도는 곳에
다시 세운 새 다락이 눈 앞에 펼쳐졌네.
앞 들판의 누런 구름이 풍년을 알려주고
서편 산속의 맑은 기운으로 아침 온 것을 알겠네.
풍류를 아는 태수께선 녹봉이 이천석이라[1]
오랜만에 만난 벗에게 술 삼백잔 내실테니,
이제 곧 밤이 깊어지면 옥피리를 불면서
밝은 달 부여잡고 우리 함께 놀아보세나.

■
* 이때 이 다락을 새로 지었다. (원주)
  익양은 경상북도 영천의 옛이름이니, 포은의 고향이다.
** 동악(東岳) 이안눌(李安訥)이 영천 명원루에 이르러서 (포은이 지은) 이 시를 보고 감탄하며 화운시를 지으려 했지만, 생각이 막혀 시 짓기가 어려웠다. 종일토록 읊조리다가
  이태 동안 남녘땅을 헤매며 천리 밖에 떨어져 있는 신세
  인간 만사를 서풍 앞에서 한 잔 술로 푸네.
  二年南國身千里, 萬事西風酒一盃.
  라는 구절을 얻었다. 이안눌의 시가 맑고 빼어나기는 하지만, 포은 시의 크고 원대한 기상에는 미치지 못한다.-홍만종 《소화시평》 권상

重九日題益陽守李容明遠樓

淸溪石壁抱州回, 更起新樓眼豁開.
南畝黃雲知歲熟, 西山爽氣覺朝來.
風流太守二千石, 邂逅故人三百盃.
直欲夜深吹玉笛, 高攀明月共徘徊.

1. 사예(司隷)부터 호분교위(虎賁校尉)까지, 녹봉이 모두 2,000석이다.-《한서》
   〈백관공경표(百官公卿表)〉
   태수의 녹봉이 2,000석이다.-《서언고사(書言故事)》〈군수류(郡守類)〉
   당나라 사공도(司空圖)가 이십사시품(二十四詩品)에서 "호방(豪放)"을 그 가운데 하나로 정의한 이래 많은 시인들이 호방한 시풍으로 평가받았는데, 우리나라에서는 포은의 시가 그 대표적인 경우로 분류되었다. 이 구절도 그러한 예인데, 고향에 찾아왔다가 태수에게서 술잔치를 대접받고, 자네는 녹봉이 2,000석이나 되니 300잔 정도의 술대접 쯤은 당연하다고 하면서, 이제 달이 뜨면 즐겁게 놀아보자고 풍류를 찾았다. 물론 2,000석은 중국 태수의 녹봉이고, 우리나라 태수의 녹봉에 비하면 과장한 것이다. 그러나 자신이 대접받은 술잔치를 300잔으로 표현하려면, 태수의 녹봉도 그 정도는 되어야 어울린다. 조신(曺伸)은 《소문쇄록(謏聞瑣錄)》에서 이 구절에 대하여 "자못 군색한 모습이 없고, 운에 맞추려 한 것 같지 않다"고 평하였다. 명원루의 술잔치가 호방한 시풍 속에 자연스럽게 그려진 것이다.

여흥루에 쓰다

1.
동서로 말 타고 다니면서 무슨 일을 이뤘던가.
가을바람 쉬지 않고 부는데 또 남쪽으로 가네.
여강에서 하룻밤을 다락에서 잠 자며
<어부가> 노래소리를 누워서 들었네.

題驪興樓

鞍馬東西底事成. 秋風汲汲又南行.
驪江一夜樓中宿, 臥聽漁歌長短聲.

■
* 《기아》와 《대동시선》에는 〈청심루(淸心樓)〉라는 제목으로 실려 있다. 청심루가 경기도 여주에 있기 때문에 흔히 여강루, 또는 여흥루라고도 하였다.
** 여흥 청심루에는 고금의 제영시들이 많지만, (줄임) 하동(河東) 정상국(鄭相國)이 일찍이 이렇게 말했다. "제영시들이 참으로 좋지만, (포은의) 이 시만큼 한원(閑遠)한 맛이 있는 시는 없다."-서거정 《동인시화》 권하

2.
안개비가 자욱히 내려 온 강물을 덮으니
다락 안에 자던 나그네가 한밤중 창문을 열고 보네.
내일 아침 말에 올라 진흙 밟고 가면서
푸른 물결 돌아보면 백조만 쌍쌍이 날겠구나.

烟雨空濛渺一江. 樓中宿客夜開窓.
明朝上馬衝泥去, 回首滄波白鳥雙.

전주 망경대에 오르다

천길 높은 산언덕에 돌길이 돌아들어
올라보니 장한 마음 가눌 길이 없네.
푸른 산 희미한 곳이 부여국이고[1]
누런 잎 흩날리는 곳이 백제성일세.
구월의 드센 바람이 나그넬 시름겹게 하고
백년의 호기가 서생을 그르치게 하네.
하늘가에 지는 해가 뜬구름에 덮여버리자
서글프게도 옥경을[2] 바라볼 길이 없네.

■
* 경신년(1380)에 왜적이 경상도와 전라도의 여러 고을을 함락시키고 지리산에 다 진을 쳤는데, (선생이) 이원수(李元帥)를 따라 운봉에서 싸웠다. 개가를 부르고 돌아오는 길에 완산을 거치게 되자, 이곳에 올랐다. (원주)
이원수는 이성계를 가리키는데, 9월에 운봉에서 왜구를 대파하였다. 포은은 조전원수(助戰元帥)로 참전하였다.
** 만경대(萬景臺)는 고덕산 북쪽 기슭에 있다. 돌봉우리가 우뚝 솟아 마치 층운(層雲)을 이룬 것처럼 보이는데, 그 위에 수십 명이 앉을 만하다. 사면으로 수목이 울창하며, 석벽이 그림같이 아름답다. 서쪽으로 군산도(群山島)를 바라보며, 북쪽으로는 기준성(箕準城)과 통한다. 동남쪽으로는 태산을 지고 있는데, 기상이 천태만상이다. 정몽주가 시를 지었다. (위의 시가 실렸음)-《신증 동국여지승람》 제33권 〈전주부〉 산천조
《포은집》에는 만경대를 망경대(望京臺)라고 했는데, 끝 구절에 쓴 것처럼 임금이 계신 서울을 바라보는 마음을 그렇게 표현한 것이다.
1. 백제 성왕 16년(538)에 서울을 웅진에서 사비성으로 옮기고, 나라 이름을 남부여라고 불렀다.
2. 옥황상제가 사는 곳을 백옥경(白玉京)이라고 하는데, 이 시에서는 임금이 계신 개성을 가리킨다.

登全州望京臺

千仞岡頭石徑橫. 登臨使我不勝情.
青山隱約扶餘國, 黃葉繽粉百濟城.
九月高風愁客子, 百年豪氣誤書生.
天涯日沒浮雲合, 惆悵無由望玉京.

평교관에 쓰다

포은선생의 머리가 눈처럼 흰데
평교관에서 취하여 진흙같이 되었네.
멀리서 노는 재미를 아는 사람이 없어
새로운 시 한 수를 지어 스스로 쓰네.

平郊館手題

圃隱先生頭似雪, 平郊館裏醉如泥.
遠遊況味無人識, 一首新詩手自題.

김득배 원수에게 제를 올리다

서생이라 자처하여 성토문이나 지으실게지
어쩌자고 삼군 맡아 백우선으로 지휘하셨던가.[1]
충성스런 혼과 장한 기백이 지금 어디 계시는지
머리 돌려 푸른 산을 보니 흰 구름만 떠 있네.

祭金元帥 得培

自是書生合討文, 迺何麾羽將三軍.
忠魂壯魄今安在, 回首靑山空白雲.

---

* 김득배는 홍건적을 토벌하여 그 공이 한 나라를 덮었는데, 개선하여 돌아오지 못하고 역적 김용(金鏞)에게 해를 당하였다. 정포은이 시를 지어 애도하였다. (이 시가 실려 있음) (이 시가) 한때의 슬프고 애도하는 마음을 다 표현하였다. 옛사람이 이르기를 "긴 노래로 슬퍼하는 것이 통곡보다 더 슬프다"고 하더니, 참으로 그러하다.-서거정 《동인시화(東人詩話)》
** 《포은집》 권3에 〈제김득배문(祭金得培文)〉이 실려 있다.
1. 휘우(麾羽)는 백우선(白羽扇)으로 지휘하였다는 말인데, 김득배가 제갈공명처럼 문무를 겸비했다는 뜻으로 썼다.

도은 이숭인의 아내 만사

군자가 백년 해로를 기약하면서
오늘 갑작스레 이리 될 줄이야 어찌 알았으랴.
도은의 서재에서 몇번이나 술 마시고 시 읊었던가
부인께서 그 음식 차릴 때가 그리워지네.

李陶隱妻氏挽詞

君子百年偕老期. 那知今日奄如斯.
陶齋幾度同觴詠, 却憶夫人主饋時.

봄

봄비가 가늘어 방울지지 않더니
밤 되면서 조금씩 소리 나는구나.
눈 녹아서 앞 시냇물 불어날 테고
풀싹들도 얼마쯤 돋아나겠지.

春

春雨細不滴, 夜中微有聲.
雪盡南溪漲, 多少草芽生.

* 포은의 대표작 가운데 하나인데, 《동문선》이나 《기아》·《대동시선》에는 〈춘흥(春興)〉이라는 제목으로 실려 있다.

동짓날 읊다

건도는 일찍이 쉰 적이 없고
곤효는 순전히 음으로 되어 있어,
일양이 처음 움직인 곳에서[1]
천심을 볼 수가 있네.

冬至吟 二首

乾道未嘗息, 坤爻純是陰.
一陽初動處, 可以見天心.

조화는 치우친 기가 없건만
성인은 그래도 음기를 억제하니,
일양이 처음 움직인 곳에서
내 마음을 증험해 볼 수가 있네.

造化無偏氣, 聖人猶抑陰.
一陽初動處, 可以驗吾心.

---

1. 이 구절은 소강절(邵康節)이 지은 〈동지음(冬至吟)〉에서 따온 것이고, 이를 바탕으로 포은이 다른 구절을 지어 주역을 설명하였다.

늦봄

가을바람 지나가자 또 봄바람이 부니
백년 세월도 한바탕 꿈속일세.
서글프구나! 어제 밤 처마 끝 비에
성 안에 얼마나 붉은 꽃이 떨어졌나.

暮春

秋風過了又春風. 百歲光陰一夢中.
惆悵簷前夜來雨, 滿城多少落花紅.

《주역》을 읽고 세상의 도에 느낀 바 있어 자안·대림 두 선생에게 지어 부치다

어지러운 사설이 사람들을 그르치게 하니
그 누가 먼저 나서서 깨우치게 하려나.
그대 집에 매화가 피려고 한다는 소식 들리니
마음 씻는 경전을 다시 함께 읽어 보시게.

讀易寄子安大臨兩先生有感世道故云

紛紛邪說誤生靈. 首唱何人爲喚醒.
聞道君家梅欲動, 相從更讀洗心經.

이 마음이 허령(虛靈)하다는 것을 참으로 알아
마음 씻고 나면 다시 깨달아 온전히 깨이게 되네.
간괘의 여섯 효를 자세히 보노라면
《화엄경》한 부를 읽는 것보다 낫네.

固識此心虛且靈. 洗來更覺已全醒.
細看艮卦六畫耳, 勝讀華嚴一部經.

《주역》을 읽다

1.
돌솥에 차가 끓기 시작하자
풍로에 불빛이 붉어지네.
감괘와 이괘는 하늘 땅의 쓰임이니
바로 이 뜻이 무궁하구나.

讀易 二絶

石鼎湯初沸, 風爐火發紅.
坎离天地用, 卽此意無窮.

한가위 달

빗속이라 오랫동안 울적했던 회포를
한가위 달 아래서 풀어보자 했었지.
마침 가을바람이 구름을 몰고 가버리자
옥같은 얼굴이 마치 친구가 찾아온 듯하네.

中秋月

久將鬱鬱雨中懷. 擬向中秋月下開.
賴有西風掃雲去, 玉容如見故人來.

돌솥에 차를 끓이다

나라에 보답 못하는 늙은 서생이
차 마시기 버릇되어 세상에 뜻이 없네.
눈보라 치는 밤 그윽한 서재에 홀로 누워
돌솥에 부는 솔바람 소리를 즐겨 듣네.

石鼎煎茶

報國無效老書生. 喫茶成癖無世情.
幽齋獨臥風雪夜, 愛聽石鼎松風聲.

겨울 밤에 《춘추》를 읽다

중니께서 필삭하신[1] 뜻이 정미해
눈 내린 밤 푸르스름한 등불 아래서 찬찬히 읽어보네.
일찍이 내 몸 이끌고 중국에 들어갔을 때
남들은 알지도 못하고 오랑캐 땅에 산다고 했네.

冬夜讀春秋

仲尼筆削義精微. 雪夜靑燈細玩時.
早抱吾身進中國, 傍人不識謂居夷.

■
* 교정 : "포(抱)"자는 세 가지 본에 모두 같지만, 뜻이 온당치 못하다. 다시 살펴보아야 한다. (원주)
1. 《춘추》의 대의(大義)가 행해지게 되면 천하의 난신적자(亂臣賊子)들이 두려워하게 될 것이다. (줄임) (공자가) 《춘추》를 지을 때, 기록할 것은 기록하고, 삭제할 것은 삭제하였다[至爲春秋, 筆則筆, 削則削].-《사기》 권47 〈공자세가(孔子世家)〉

언양에서 구일날 감회가 있어 유종원의 시에 차운하다

나그네 마음 오늘따라 더욱 서글퍼
장기(瘴氣) 찬 바닷가 산에 올랐네.
뱃속에는 나라 그르친 글만 있을 뿐
주머니엔 목숨 늘일 약이 없구나.
용은 세밑이 걱정스러워 깊은 골에 숨었고
학은 맑은 가을이 좋아서 푸른 하늘에 오르네.
손으로 국화 꺾으며 한껏 취하고보니
구슬같은 미인은[1] 구름 너머 있구나.

∎

* 포은이 39세 되던 우왕 1년(1375)에 성균관 대사성(정3품)이 되었는데, 친원파(親元派) 김의(金義)가 명나라 사신 채빈(蔡斌)을 살해하였다. 포은은 명나라와의 관계를 회복시키기 위하여 이 사건의 전말을 명나라에 알리고 북원(北元)에서 온 사신을 물리치도록 상소했다가, 간관들에게 탄핵당하고 경상도 언양으로 유배되었다. 이 시는 언양에서 유배생활을 하던 중에 지은 것이다. 유종원이 지은 시의 제목은 〈별사제종일(別舍弟宗一)〉인데, 역시 유배생활 중에 아우와 헤어져 있는 슬픔을 노래한 시이다.
1. 산에는 개암나무가 있고
  진펄엔 감초가 있네.
  누구를 생각하나
  서방의 미인이로다.
  저 미인이시여
  서방에 계신 분이로다.
  山有榛, 隰有苓.
  云誰之思, 西方美人.
  彼美人兮, 西方之人兮.-《시경》 패풍 〈간혜(簡兮)〉

彦陽九日有懷次柳宗元韻

客心今日轉淒然, 臨水登山瘴海邊.
腹裏有書還誤國, 囊中無藥可延年.
龍愁歲暮藏深壑, 鶴喜秋晴上碧天.
手折黃花聊一醉, 美人如玉隔雲烟.

이 시는 관청 일을 마치고 관리들이 모여서 춤을 추며 즐기는 시이다. 이렇듯 태평스럽게 춤을 출 수 있는 것도 모두 임금님의 은혜이기에, 춤을 추면서도 임금님을 생각했던 것이다. 서방의 미인은 서주(西周) 초기 시대의 이상적인 임금들인데, 송강 정철의 〈사미인곡(思美人曲)〉도 여기에서 나온 제목이다. 우리나라에서 임금을 미인에 비유한 시인으로는 포은이 처음인데, 그가 지은 〈사미인사(思美人辭)〉에도
아름다운 임을 생각하니 옥과 같으셔라.
큰 바다 막혔지만 밝은 달빛은 함께 하네.
思佳人兮如玉, 隔滄海兮共明月.
라는 구절이 있다.

연보[1]

지원(至元) 3년 정축(1337)

12월 무자일에 선생이 영천군 동우항리(東愚巷里)에서 태어났다. 처음에 어머니 변한국부인(卞韓國夫人)이 임신하면서 난초 화분을 껴안는 꿈을 꾸고는 깜짝 놀라서 떨어뜨렸는데, 잠에서 깨어나 공을 낳았다. 그래서 이름을 몽란(夢蘭)이라고 하였다.

지정(至正) 5년 을유(1345)

선생이 9세였는데, 변한국부인이 낮잠을 자다가 흑룡이 나무에 올라가는 꿈을 꾸었다. 나가서 보았더니, 바로 선생이었다. 그래서 이름을 몽룡(夢龍)이라 고쳤다가, 관례(冠禮)를 치르면서 지금의 이름으로 고쳤다.

15년 을미(1355)

선생이 19세였는데, 정월에 일성부원군(日城府院君)의 상을 당하였다. 여묘(廬墓)살이를 하였다.

17년 정유(1357)

여름에 어사대부 신군평(申君平)이 주관하는 감시(監試)에서 공이 제3등으로 합격하였다.

20년 경자(1360)

공민왕 9년. 선생 나이 24세. 정당문학 김득배(金得培)가 지공거이고, 추밀직학사 한방신(韓邦信)이 동지공거였는데, 선생이 잇달아 삼장(三場)에 장원하여 제1등으로 뽑혔다.

---

1. 이 연보는 《포은집》에 실린 〈포은선생연보고이(圃隱先生年譜攷異)〉에서 발췌한 내용인데, 당시까지 세상에 널리 유포되었던 신계본(新溪本)·개성본(開城本)·교서관본(校書館本)을 대조하여 잘못을 바로잡은 것이다. 덜 중요한 문장은 줄였지만, 인용하는 문장은 원문 그대로이다.

22년 임인(1362)

선생 나이 26세. 3월에 예문관(藝文館) 검열(檢閱)에 제수되었다. 이때 김득배가 홍건적을 깨뜨리고 경성으로 돌아왔는데, 김용(金鏞)에게 해를 입고 상주에서 효수되었다. 선생은 스스로 김득배의 문인이라고 나서서, 왕에게 청하여 그 시체를 거두어 장사지냈다.

23년 계묘(1363)

8월에 종사관이 되어 동북면 도지휘사 한방신을 따라가 화주에서 여진족을 쳤다.

25년 을사(1365)

정월에 어머니 변한국부인의 상을 만나, 여묘살이를 하였다.

26년 병오(1366)

이때 상제(喪制)가 문란하였건만, 선생은 홀로 여묘살이를 하며 슬픔과 예법을 극진히 하였다. 그 일이 조정에 알려져, 그 마을에 정려를 세우게 하였다.

27년 정미(1367)

선생이 복(服)을 마치고 통직랑(通直郎) 전공정랑(典工正郎)에 제수되었지만 취임하지 않았다. 얼마 뒤에 예조정랑 겸 성균박사(成均博士)에 제수되었다. 당시는 병혁(兵革)의 뒤끝이었으므로 학교가 황폐해졌는데, 이때 성균관을 새로 창설하고 석유(碩儒)를 뽑아 학관(學官)을 겸하게 하였다. (목은) 이색(李穡)이 대사성을 겸하였는데, (학관 가운데) 선생의 강설이 남달라서 다른 사람들의 생각보다 뛰어났다. 여러 학자들이 탄복하였으며, 이색도 "달가(達可)의 논리는 횡설수설(橫說竪說)이어서 마땅치 않은 게 없다"고 몹시 칭찬하고, "동방이학(東方理學)의 조(祖)"라고 추켜세웠다.

홍무(洪武) 4년 신해(1371)
중정대부 성균관 사성(司成)에 제수되었다.
5년 임자(1372)
3월에 서장관으로 지밀직사사 홍사범(洪師範)을 따라 연경(燕京)에 가서 명나라가 촉(蜀)을 평정한 일을 치하하였다. 아울러 자제들의 입학을 청하였다. 돌아오는 길에 해중(海中) 허산(許山)에서 태풍을 만나 사범은 익사하고, 선생은 구사일생으로 살아났다. 말다래[韉]를 베어 먹으며 열사흘을 견뎠다.
7년 갑인(1374)
2월에 경상도 안렴사에 제수되었다.
8년 을묘(1375)
우사의대부(右司議大夫)·예문관 직제학에 제수되었다.
이때 공민왕이 시해되고, 김의(金義)가 명나라 사신 채빈(蔡斌)을 살해하여, 나라 사람들이 두려워하며 명나라에 감히 사신을 보내지 못하고 있었다. 선생이 앞장서서 대의(大義)를 내세우며 근래의 변고를 마땅히 빨리 상세하게 아뢰어 상국(上國)으로 하여금 의혹이 없게 풀어 주자고 하였다. 어찌 스스로 의심을 일으키게 하여, 생령들에게 재앙을 끼치게 하느냐고 하였다. 그제서야 비로소 판종부시사(判宗簿寺事) 최원(崔源)을 보내어 국상(國喪)을 고하고, 시호를 청하게 되었다. 그런데 마침 북원(北元)에서 사신을 보내자, 이인임(李仁任)이 또 맞으려고 하였다. 선생이 박상충·김구용 등 10여인과 함께 글을 올려 간쟁하였다. 대간(臺諫)에서도 역시 이인임을 탄핵하였는데, 권신(權臣)들이 "간관(諫官)들이 재상을 논핵하는 것은 작은 잘못이 아니다"고 하여 모두 감옥에 가두고, 매를 때려서 유배보냈다. 선생도 역시 죄를 얻어서 언양(彦陽)으로 유배되었다.

10년 정사(1377)

3월에 선생이 서울로 돌아왔다.

9월에 전임 대사성(大司成) 지위로 일본에 사신으로 갔다. 이때 조정에서는 왜구들의 침략을 걱정하여 일찍이 나흥유(羅興儒)를 패가대(覇家臺)에 사신으로 보내어 화친을 의논케 하였다. 그러자 (왜구의) 주장(主將)이 흥유를 옥에 가두어, (흥유는) 거의 굶어 죽을 지경에 이르렀다가 겨우 돌아왔다. 권신들이 이 일을 꺼려서, 선생을 천거하여 사신으로 가게 하였다. 이 행차를 사람들이 모두 위험하게 여겼지만, 선생은 어려운 빛을 조금도 보이지 않았다. 패가대에 이르러 고금(古今) 교린(交隣)의 이해(利害)를 가지고 극진히 설득하자, 주장이 공경하여 따르고, 접대가 매우 두터웠다.

11년 무오(1378)

7월에 선생이 일본에서 돌아왔다. 구주절도사(九州節度使) 원료(源了)도 함께 오면서, 윤명・안우세 등의 포로 수백명을 돌려보냈다.

12년 기미(1379)

윤5월에 봉익대부・예의판서・예문관 제학에 제수되었다.

13년 경신(1380)

선생 44세. 가을에 조전원수(助戰元帥)로 우리 태조(이성계)를 따라 전라도 운봉에 이르러, 왜구를 쳐서 크게 이기고 돌아왔다.

15년 임술(1382)

4월에 주족금은진공사(輳足金銀進貢使)로 중국에 갔지만, (줄임) 국경에 들어오는 것을 허락하지 않아서 그냥 돌아왔다. 11월에 또 청시사(請諡使)가 되어 중국에 갔다.

16년 계해(1383)

정월에 선생이 요동에 이르자, 도사(都司)가 '들여보내지 말라는 칙명이 있었다'면서 (고려에서) 바치는 예물만 받아들였다. (선생이) 국경에 들어오는 것은 허락하지 않기에 그냥 돌아왔다.

8월에 동북면(東北面) 조전원수(助戰元帥)로 다시 우리 태조를 따라서 정벌에 나섰다.

17년 갑자(1384)

7월에 광정대부・정당문학에 제수되었다. 이때 명나라와의 사이가 많이 벌어져 황제가 노하였다. 세공(歲貢)을 늘여 책정하고, 5년 동안 세공이 약속대로 되지 않았다고 하여 (고려에서 간) 사신을 장류(杖流)하였다. 이 무렵에 성절사(聖節使)를 보내게 되자 사람들이 모두 피하려 하였는데, 임견미(林堅味)가 공을 천거하였다. 왕이 면전에 불러,

"경(卿)은 고금에 널리 통한데다, 내 뜻까지도 다 알고 있다. 지금 진평중(陳平仲)이 병으로 갈 수가 없어 경을 대신 보내려는데, 경의 뜻은 어떠한가?"

하고 물었다. 그러자 공이

"군부(君父)의 명은 물이나 불이라도 피할 수 없습니다. 하물며 중국에 사신으로 가는 일이겠습니까? 그러나 우리나라에서 남경(南京)까지는 팔천리나 되는데, 발해(渤海)에서 바람 기다리는 날을 제하면 실로 90일 거리입니다. 그런데 지금 성절(聖節)까지는 겨우 60일밖에 남지 않았습니다. 바람 기다리는 날을 빼면 남은 날이 겨우 50일밖에 되지 않으니, 신은 이것이 한스럽습니다."

하였다. 왕이

"어느날 떠나겠는가?" 하자,

"어찌 감히 더 머물겠습니까?"

하고 대답하였다. 곧 길을 떠나, 밤낮으로 갑절을 달렸다. 절일(節日)에 맞춰 표(表)를 올리자, 황제가 표를 읽어보고 날짜를 헤아리더니,

"너희 나라 배신(陪臣)들이 반드시 핑계를 대고 오지 않으려 하다가, 날짜가 급박해지자 너를 보냈을 것이다. 너는 지난번에 (내가) 촉(蜀)을 평정했다고 축하하러 온 자가 아니냐?"

하였다. 공이 당시에 배가 부서져 고생한 상황을 다 아뢰자, 황제가

"그렇다면 중국말을 알겠구나."

하면서 특별히 위로하고, 예부(禮部)에 칙명을 내려 잘 접대해서 보내게 하였다.

18년 을축(1385)

4월에 선생이 중국에서 돌아왔다. 동지공거(同知貢擧)가 되어 홍우명(洪禹命) 등 33명을 급제시켰는데, 당시 사람들이 "선비를 잘 뽑았다"고 하였다.

19년 병인(1386)

2월에 선생이 남경에 가서 (줄임) 세공(歲貢)을 줄여 달라고 청하였는데, 선생이 상세하고도 분명히 아뢰어 5년 동안 바치지 못한 세공을 면제받고, 늘여서 정했던 세공(歲貢)의 상수(常數)도 감면받았다. 7월에 남경에서 돌아왔다.

20년 정묘(1387)

선생 51세. 해직(解職)을 청하고, 영원군(永原君)에 봉해졌다.

6월에 공이 하륜(河崙)·이숭인 등과 함께 건의하여 백관의 관복을 정하고, 호복(胡服)을 바꿔 중국제도를 받아들였다.

21년 무진(1388)

삼사좌사(三司左使)에 제수되었다. 이때 권간(權奸)들이 백성의 논밭을 마구 빼앗았는데, 선생이 사전(私田)을 혁파하자고 청하여 백성들이 그 덕분에 살아났다.

22년 기사(1389)

6월에 예문관 대제학에 제수되었다.

23년 경오(1390)

11월에 수문하시중(守門下侍中)·판도평의사사(判都評議使司)·(줄임)에 제수되었다. 이때 나라에 어려운 일이 많아 기무(機務)가 번잡했는데, 선생이 재상이 되어 목소리나 얼굴색 하나 변치 않고 큰 일을 처리했으며, 의심스런 일들을 결단내렸다. 왼쪽으로 묻고 오른쪽으로 답하는데, 모두 합당하였다. 당시 상제(喪祭)의 풍속은 오로지 상문법(桑門法)을 숭상하여 기일(忌日)에 스님을 불러 재(齋)를 지냈으며, 시제(時祭)에도 단지 지전(紙錢)만 준비할 뿐이었다. 선생이 조정에 청하여 사서인(士庶人)들이 주자가례(朱子家禮)를 본받아 가묘(家廟)를 세우고 신주(神主)를 만들어 조상에게 제사를 지내게 하자, 예속(禮俗)이 부흥하였다.

25년 임신(1392)

2월에 선생이 편찬한 신률(新律)을 바쳤다. 왕이 지신사(知申事) 이첨(李詹)에게 명하여 6일 동안 진강(進講)하였는데, 그 법이 훌륭하다고 자주 감탄하였다.

우리 성조(聖朝)가 천명을 받게 되자 선생이 복절(伏節)하여 세상을 미쳤는데, 4월 초사흗날이었다. 이 해 7월에 고려가 망하였다.

□ 해설

빛나는 충절(忠節), 다감한 시정(詩情)

'포은(圃隱) 정몽주(鄭夢周)' 하면 누구나 만고에 빛나는 충절을 떠올린다. '이 몸이 죽고 죽어 일 백 번 고쳐 죽어……'로 시작되는 한편의 시조는 그의 절의를 극명하게 보여준다. 선죽교에서의 비참한 최후는 그의 절의를 더욱 극적으로 부각시켜준다. 이는 포은이 지금까지 우리에게 역사상 위대한 인물로 뚜렷하게 인식되고 있는 가장 커다란 근거이기도 하다.

한편으로는 절의 못지 않게 포은의 학문이 추앙되고 있다. 그의 일생을 기록한 글인 행장(行狀)에는 목은 이색이 그를 자주 칭찬해서 "달가(達可 : 정몽주의 자)의 논리는 종횡으로 설파해서 이치에 맞지 않음이 없다.(達可論理 橫說竪說 無非當理)"라고 했다는 기록이 나온다. 그래서 그를 '동방 성리학의 비조(鼻祖)'라고도 한다.

절의와 학문은 옛 사람들이 가장 높은 가치를 부여했던 덕목이다. 따라서 포은을 평가하는데 있어 대부분의 사람들이 주로 이 두 가지에만 관심을 기울인다. 그러나 포은은 드높은 절의와 학문 못지 않게 다정다감한 시심(詩心)을 가진 뛰어난 시인이었음을 간과해서는 안 된다. 오히려 절의와 학문이 너무 높이 평가받다 보니 그의 문학적 성과는 상대적으로 덜 주목받는 경우에 해당한다. 이제 『포은 정몽주 시선』의 간행을 계기로 그의 시인으로서의 면모를 한번 들여다보기로 하자.

포은 정몽주는 고려 충숙왕 복위 6년(1337년)에 태어나 조선

태조 원년(1392)에 세상을 떠난 고려말의 문신, 학자이다. 본관은 연일(延日), 자는 달가(達可), 시호는 문충(文忠)이고 고려 인종 때 명신인 정습명(鄭襲明)의 후손이다. 정습명은 많은 작품이 전하지는 않지만 「석죽화(石竹花)」와 「증기(贈妓)」라는 시가 유명하며, 특히 「증기」는 인구에 회자되던 시이다.

포은은 일찍이 과거에서 초시·복시·전시의 삼장시(三場試)에 잇달아 장원을 하면서 뛰어난 재능을 보이며 벼슬길에 나섰다. 그러나 국가적인 일이 있을 때마다 명나라와 일본을 사신으로 오고가는 등 그의 일생은 기울어져 가는 고려를 붙들기 위한 노심초사로 일관하였다. 문집에는 「홍무 연간 정사년에 일본으로 사신 가서 짓다(洪武丁巳奉使日本作)」라는 시가 여러 수 남아 있는데, 그 중 가장 많이 알려진 한 수를 보면 이렇다.

섬나라에 봄빛은 일렁이는데
먼 하늘 끝 나그네는 집도 못 가네.
풀빛은 천리 걸쳐 푸르러 있고
달빛은 두 나라에 함께 밝은데,
교섭하랴 가져온 돈 다 없어지고
향수로 흰머리만 더욱 자랐네.
남아가 세상 경영 큰 뜻 품은 건
내 공명만 위한 것은 결코 아니네.

水國春光動 天涯客未行
草連千里綠 月共兩鄕明
遊說黃金盡 思鄕白髮生
男兒四方志 不獨爲功名

포은은 고려 우왕 3년(1377년)에 규우슈우의 지방 장관인 이마가와에게 가서 왜구의 단속을 요청하여 응낙을 받고 그들에게 잡혀간 고려 백성 수백 명을 귀국시켰는데, 이때 일본에서 지은 연작시 중의 하나이다. 이 시에서는 먼 섬나라에 사신 가서 나그네 신세가 된 객수(客愁)와 함께 나랏일에 애쓰는 자신의 심정이 잘 드러나 있다.

　섬나라 일본에 봄빛은 완연히 무르익었는데 먼 하늘 끝에서 나그네 신세가 된 이 몸은 고국에 아직 돌아가지 못하고 있다. 온 천지에 봄풀이 돋아서 천리 멀리까지 연이어져 푸른빛이 가득하고, 하늘 높이 떠 있는 달은 이곳 일본이나 멀리 떨어져 있는 고국이나 두 곳 모두 밝게 비추고 있다. 달빛은 동시에 두 곳을 다 내려다보고 있지만 자신은 이곳에 있으면서 고국에 갈 수 없다는 안타까운 마음을 담고 있는 표현이다. 사신으로 와서 외교 현안에 대해 상대방을 설득하느라고 가지고 온 자금도 다 떨어져 가는데 부질없이 고향 생각은 수시로 일어나 흰머리만 더욱 늘어났다. 자금이 다 떨어져 가는 것에서 날짜가 많이 지났다는 것과 일이 순조롭지만은 않다는 것을 알 수 있다.

　마지막 연에서는 그의 포부와 국가관을 엿볼 수 있다. 원시(原詩)에 나오는 표현인 '사방지(四方志)'는, 원래 남아는 모름지기 세상 천지(사방)를 경영할 뜻을 가져야 한다고 해서 예전부터 쓰던 말이다. 자신도 젊어서부터 그러한 큰 뜻을 품었다. 그것은 당연히 남아로서 공명을 이루기 위한 것이다. '입신하여 도를 행하고 이름을 후세에 남기는 것은 효도의 마지막이다'고 할만큼 공명을 이루는 것은 누구나 지향하는 바이다. 그러나 자신이 큰 뜻을 품은 것은 꼭 그런 개인적인 공명 때문만은 아니라고 했다. 그리고 다음 말은 생략했지만 자신이 진정으로 하고 싶은 말은 그 생략된 표현에 있다. 바로 국가의 안녕을 이룩하는 것이다. 자신이 세상에 나와서 능력을 펼치고자 하는 것은 결국은 태평한 국가를 건설하고자 하는 의지의 발로였던 것이다. 나그네의 상념으로 일관할 것 같던 이 시가 높은 가치를 얻게 된 것은 바로 이러한 우국 충정을 잃지 않은데 있다.

  포은은 이성계 일파가 나라를 빼앗으려는 야심을 드러내자 그들과 대립하고 결국은 그들의 세력에 의해 피살되기까지 했지만, 원래는 이성계와 함께 고려의 운명을 걱정하며 의기투합하는 사이였다. 한때는 이성계 휘하에서 왜구 토벌에 참여하기도 하였는데, 우왕 6년(1380년)에 왜적이 경상도와 전라도 고을을 노략질하고 지리산에 주둔하자 포은은 이성계를 따라 전라도 운봉에서 적과 싸워 이겼다. 이때 개선하는 길에 전주를 지나다 '망경대'라는 곳에 올라 시를 지었다. 제목이「전주의 망경대에 올라(登全州望京臺)」이다.

천길 높이 산머리에 돌길이 나 있어서
올라 보니 내 마음을 가눌 길이 없게 하네.
푸른 산이 아련한 곳 부여국의 지역이고
누런 잎이 분분한 곳 백제성의 옛 터라네.
구월의 센 바람은 길손 수심 자아내고
한평생 품은 호기 서생을 그르쳤네.
하늘 끝에 해는 지고 뜬구름이 서려드니
서글퍼라, 궁궐 모습 바라볼 길 전혀 없네.

千仞岡頭石徑橫 登臨使我不勝情
靑山隱約扶餘國 黃葉繽紛百濟城
九月高風愁客子 百年豪氣誤書生
天涯日沒浮雲合 惆悵無由望玉京

시의 주조는 온통 망한 나라에 대한 회고와 시름으로 일관했다. 역사의 뒤안길로 사라진 지 오래된 부여국과 백제성을 여기서 떠올릴 수밖에 없었던 그의 심사가 예사롭지 않다. 시의 마지막 부분은 이백(李白)의 유명한 「금릉의 봉황대에 올라(登金陵鳳凰臺)」 마지막 부분을 솜씨 좋게 응용하였다. 이백의 시에서는 "뜬구름이 온통 다 해를 능히 가려버려, 서울이 안 보여서 시름 겹게 하는구나.(總爲浮雲能蔽日 長安不見使人愁)"라고 하였다.

싸움에서 이기고 돌아가는 중에 지은 시가 왜 이렇게도 감상적인가. 쇠약해져만 가는 고려의 운명이 마음속에 너무나 무겁게 짓누르고 있어서였을까. 아무리 그렇더라도 하필 전주의 망경대에서 이런 시를 읊은 것은 아이러니컬하다. 전주는 바로 이성계의 관향(貫鄕)이요, 그래서 조선 건국 후 나라의 경사스런 기틀이 된 곳이라고 '경기전(慶基殿)'까지 세운 곳이 아니던가. 전주인(全州人) 이성계에 의해 고려가 일몰(日沒)의 신세를 당하고 개성은 더 이상 서울의 기능을 하지 못할 것을 미리 예감이라도 한 듯하다. 시의 내용이 우연히 앞일을 예언한다는 이른바 '시참(詩讖)'이라고 할 수 있는 작품이다.

사실 포은의 운명도 이미 그의 탄생 때부터 예견되었다. 어머니가 그를 임신했을 때 꿈에 난초 화분을 안고 있다가 떨어뜨리고는 깜짝 놀라 꿈을 깨고서 포은을 낳았다. 그래서 처음 이름도 난초 꿈을 꾸고 낳았다고 '몽란(夢蘭)'이었다. 화분을 떨어뜨린 것이 아마도 포은의 비명(非命)을 암시하지 않았을까. 난초는 고결한 절개를 지녔던 포은 자신의 상징일 터.

앞에서도 얘기한대로 그의 시는 내용 면에서 전반적으로 다정다감함이 넘친다. 성리학에 침잠한 후대의 많은 문인들이 주리적(主理的)인 송시풍(宋詩風)에 가까운 경향을 보인 반면 포은은 주정적(主情的)이고 섬세한 표현이 주조를 이루는 당시풍(唐詩風)에 가깝다. 다음 시는 포은의 작품 중 가장 널리 알려진 「봄(春)」
이다. 대부분의 시선집에는 제목이 「봄날의 흥취(春興)」로 되어
있어 그렇게 더 많이 알려져 있다.

    봄비는 가늘어서 방울 못 지다
    밤이 되자 조그맣게 소리를 내네.
    눈 다 녹아 앞 냇물도 불어날 테니
    얼마쯤 풀 싹들도 돋아나겠지.

    春雨細不滴 夜中微有聲
    雪盡南溪漲 多少草芽生

  봄에는 온갖 초목들이 싹틀 때라서 비가 충분히 와서 대지를 촉촉히 적셔주어야 한다. 그런데 봄비가 워낙 가늘게 내려서 빗방울조차 생기지 않을 정도이다. 여기에는 은연중 시인의 안타까운 마음이 묻어 있다. 그러나 밤중에 접어들자 어느 정도 빗줄기가 굵어지는지 가느다랗게 빗방울 떨어지는 소리가 들리기 시작한다. 아마도 초목들의 목마름을 해갈시켜 줄 수 있을 것 같다. 또 봄비가 오면 산골짝 응달에 덜 녹고 여태 쌓여 있던 잔설(殘雪)들이 빗물에 마저 녹아 내린다. 봄비와 눈 녹은 물이 함께 흘러내리면 앞 시냇물도 제법 불어날 것이다. '춘수만사택(春水滿四澤)'. 그래서 중국의 유명한 시인 도연명은 '봄이 되면 사방 연못에 봄물이 가득하다'고 읊었다. 이제 대지는 충분히 해갈이 될 것이다. 그렇다면 아마 틀림없이 초목의 싹들도 상당히 돋아날 것이다. 이 마지막 부분에서는 봄날의 생명력 넘치는 초록빛 경물(景物)에 대한 기대감이 물씬 배어 있다. 바로 봄날에만 느낄 수 있는 내밀한 흥취가 담겨 있는 것이다. 그래서 후대 문인들은 이

시를 시선집에 넣으면서 제목에 '흥(興)'자를 더 붙이기도 한 것이다. 굳센 절의의 면모나 근엄한 성리학자의 분위기라고는 전혀 느낄 수 없는 다정다감한 시인의 시각이다.

그밖에 많이 알려진 시들인「강남곡(江南曲)」,「정부원(征婦怨)」등에서도 악부시(樂府詩)의 표현법을 동원하여 섬세하고 여린 심상을 형상화하였다.

이처럼 다감한 시를 많이 썼지만 그의 전반적인 시풍에 대해서는 역대 평자들이 '호방표일(豪放飄逸)'하다고 평가한다. 문집의 서문을 쓴 하륜이나 노수신 등이 이미 그러한 평을 내리고 있는데, 다른 시화집에 나타나는 평을 보아도 남용익은 '호방하고 툭 트였다(豪暢)'고 하였으며 김석주는 '맑은 물에 뛰노는 물고기요 하늘 높이 나는 새(躍鱗淸流 飛翼天衢)'라고 하였다. 대체로 그의 시상이 거침없고 활달함을 지적한 것이다. 이런 풍격에 대한 논의는 시어나 시구의 표현이 주는 정서적 미감을 두고 하는 말이다.

다음과 같은 시에서 그러한 풍격이 잘 드러난다.「다경루에서 계담에게 지어 주다(多景樓贈季潭)」라는 시이다.

평생의 호연지기 펼치고자 하려거든
모름지기 감로사의 누각 앞에 와야 하리.
옹성(甕城)의 뿔피리는 석양 속에 들려오고
과포(瓜浦)로 드는 배는 실비 저편 보이는데,
옛 가마솥 아직까지 양(梁)의 세월 남아 있고
높은 누각 곧바로 초(楚)의 산천 압도하네.
올라와서 한나절간 스님 만나 얘기하니
우리 나라 팔천리 길 돌아갈 일 다 잊겠네.

欲展平生氣浩然 須來甘露寺樓前
甕城畫角斜陽裏 瓜浦歸帆細雨邊
古鑊尙留梁歲月 高軒直壓楚山川
登臨半日逢僧話 忘却東韓路八千

　시상의 전개도 활달하기 그지없고 시의 의경(意境)도 원경(遠境)을 포착하여 거시적으로 펼치고 있다. 다경루는 중국 강소성의 윤주 감로사에 있는 누각이다. '옹성'이나 '과포'는 그 인근의 지명이다. '고확'은 감로사에 있는 수만 근의 쇠로 만든 큰 가마솥 두 개인데, 양나라 무제가 주조한 것이다. 먼 옛날의 양 나라를 현재로 끌어오고 멀리 펼쳐진 초나라 지역을 다경루 앞에 내리깔아 그 웅대한 기상은 '호방표일'이라는 평어에 딱 들어맞는다. 변계량은 일찍이 이 시에 대해 "포은의 힘차고 씩씩하며 마구 내뻗고 걸출한 기상이 대체로 이 시에서 보인다.(圃老, 豪邁峻壯·橫放傑出氣象, 槩於是詩見之)"고 평한 바 있다.
　이같이 호방한 기풍의 시는 주로 그의 7언율시에서 많이 드러나 보인다.
　시에서 드러나는 이러한 기상이 그의 삶에서도 발로되어 기울어져 가는 고려를 혼자의 힘으로 지탱하려고 애썼으며, 이방원의 회유에도 굴하지 않은 절의를 보여주었을 것이다.

김영봉(문학박사, 연세대 강사)

찾아보기 · 原詩題目

권1/13
三月十九日過海宿登州公館郭通事
金押馬船遭風未至因留待 ■ 16
黃山驛路上 ■ 17
膠水縣別徐敎諭宣 ■ 18
客夜在丘西驛 ■ 19
次韓摠郎鴨綠江詩韻 ■ 20
日照縣 ■ 21
飮酒 ■ 22
宿贛楡縣 ■ 24
憶宗誠宗本兩兒 ■ 25
有懷李陶隱鄭三峰李遁村三君子
■ 26
山東老人 ■ 27
韓信墓 ■ 28
漂母塚 ■ 29
淮陰驛分道別龐鎭撫 ■ 30
舟發淮陰向寶應縣 ■ 31
僕在本國飽聞諸橋薛先生之名今過
是驛莫夜忽忽殊失謁見之禮路上吟
成七言唐律以圖後會云 ■ 32
夢 ■ 34
客中自遣 ■ 35
戲贈偕行年少 ■ 36
舟中美人 ■ 37
四月十九日渡江至龍潭驛 ■ 38
皇都 四首 ■ 39
舟次白鷺洲 ■ 40
楊子渡望北固山悼金若齋 ■ 41
南望 ■ 42

端午日戲題 ■ 43
湖中觀魚 二絶 ■ 44
　潛在深淵或躍如*■ 44
　魚應非我我非魚*■ 45
諸城縣聞簫 ■ 46
田橫島 ■ 47
蓬萊閣 ■ 48
安市城懷古 ■ 49
楊子江 ■ 50
李勣戰處 ■ 51
復州館中井 ■ 52
楊州食枇杷 ■ 53
復州食櫻桃 ■ 54
熊嶽古城 ■ 55
遼河漕運 ■ 56
盖州雨中留待落後人 ■ 57
會同館柳 ■ 58
渤海古城 ■ 59
江南憶陶隱 ■ 60
吟詩 ■ 61
江南曲 ■ 62
征婦怨 ■ 63
　一別年多消息稀*■ 63
　織罷回文錦字新*■ 63
太倉九月贈工部主事胡璉 ■ 66
龍江關 ■ 67
江南柳 ■ 68
宇蘭店路上 ■ 69
多景樓贈季潭 ■ 71
嗚呼島 ■ 72

原詩題目・찾아보기

姑蘇臺 ■ 73
宿湯站 ■ 74
洪武丁巳奉使日本作 ■ 76
　水國春光動* ■ 76
　平生南與北* ■ 76
　客子年來已遠遊* ■ 77
遊觀音寺 ■ 78
再遊是寺 ■ 79

권2/81

定州重九韓相命賦 ■ 83
洪武壬戌從李元帥東征 ■ 84
端州城 ■ 85
中秋 ■ 86
女眞地圖 ■ 87
三山 ■ 88
乙丑九月陪天使張學錄溥周典簿倬 ■
登西京永明樓次板上韻 ■ 89
送周典簿倬還朝 ■ 91
贈尙州金相國 ■ 92
贈尙州徐牧使 ■ 93
寄李獻納詹按行時金海燕子樓前手種梅花故云 ■ 94
送同年李陽赴羅判 ■ 95
寄姜廉使 ■ 96
寄益陽金糾正 ■ 97
送李秀才就赴安東書記 五絶 ■ 98
　先王昔日忽南巡* ■ 98
　昔日讀書興國寺* ■ 99
次遁村韻呈四君子 ■ 100

癸卯五月初二日有雨獨坐李遁村適來 ■ 101
又次遁村韻 ■ 102
遁村卷子詩 ■ 104
寄義州金兵馬使之鐸 ■ 105
浩然卷子 ■ 107
菊磵卷子 ■ 108
題栢庭詩卷 ■ 109
寄李正言 ■ 110
寄三峰 ■ 111
永州故友 ■ 112
贈金少年 ■ 113
送人 ■ 114
次牧隱先生詩韻贈日東茂上人 ■ 115
贈品房日本僧永茂 ■ 116
贈日本洪長老 ■ 117
贈白雲軒 ■ 118
贈無邊僧 ■ 119
寄冰山住持 ■ 120
送自休上人遊日本 ■ 122
贈僧 ■ 123
瞻星臺 ■ 124
重九日題益陽守李容明遠樓 ■ 126
題驪興樓 ■ 127
　鞍馬東西底事成* ■ 127
　烟雨空濛渺一江* ■ 128
登全州望京臺 ■ 130
平郊館手題 ■ 131
祭金元帥 得培 ■ 132

찾아보기·原詩題目

李陶隱妻氏挽詞 ■ 133
春 ■ 134
冬至吟 二首 ■ 135
　乾道未嘗息*■ 135
　造化無偏氣*■ 135
暮春 ■ 136
讀易寄子安大臨兩先生有感世道故
云 ■ 137
　紛紛邪說誤生靈*■ 137
　固識此心虛且靈*■ 137
讀易 二絶 ■ 138
中秋月 ■ 139
石鼎煎茶 ■ 140
冬夜讀春秋 ■ 141
彦陽九日有懷次柳宗元韻 ■ 143

* 표는 첫째 구문을 나타냄.

옮긴이 **허경진**은 연세대학교 국어국문학과를 졸업하고, 동대학원에서 문학박사 학위를 받았다. 목원대학교 국어교육과 교수와 열상고전연구회 회장을 거쳐, 현재 연세대학교 국문과 교수로 재직 중이다. 『한국의 한시』 총서 외 주요저서로는 『조선위항문학사』, 『허균』, 『허균 시 연구』, 『대전지역 누정문학연구』, 『한국의 읍성』 등이 있고, 옮긴 책으로는 『연암 박지원 소설집』, 『매천야록』, 『서유견문』, 『삼국유사』, 『택리지』, 『한국역대한시시화』, 『허균의 시화』 등 다수가 있다.

韓國의 漢詩 43
圃隱 鄭夢周 詩選

초판 1쇄 발행   2000년 5월 25일
초판 2쇄 발행   2010년 6월 10일

옮 긴 이   허경진
펴 낸 이   이정옥
펴 낸 곳   평민사

주   소   서울시 서대문구 남가좌2동 370-40
전   화   375-8571(대표) / 팩스 · 375-8573
            평민사의 모든 자료를 한눈에 볼 수 있는 블로그
            http://blog.naver.com/pyung1976
            e-mail: pyung1976@naver.com

등록번호   제10-328호

값   6,500원

            ISBN 978-89-7115-555-4   04810
            ISBN 978-89-7115-476-2   (set)

* 이 책은 저작권법 제97조의 5(권리의 침해죄)에 따라 보호받는 저작물로
  저자의 서면동의가 없이 그 내용을 전체 또는 부분적으로 어떤 수단 · 방법으로나
  복제 및 전산 장치에 입력, 유포할 경우 민 · 형사상 피해를 입을 수 있음을 밝힙니다.